Beck-Rechtsberater

# Alles über Arbeitszeugnisse

dtv

Beck-Rechtsberater

# Alles über Arbeitszeugnisse

Form und Inhalt
Zeugnissprache

Von Dr. Georg-R. Schulz, Rechtsanwalt und Fachanwalt für Arbeitsrecht,
Stephan Jarvers, Rechtsanwalt und Fachanwalt für Arbeitsrecht,
Prof. Alfred Gerauer, Rechtsanwalt,
Fachanwalt für Arbeitsrecht und
Honorarprofessor an der Hochschule München

9., überarbeitete und erweiterte Auflage

Deutscher Taschenbuch Verlag

**www.dtv.de**
**www.beck.de**

**Originalausgabe**

Deutscher Taschenbuch Verlag GmbH & Co. KG,
Tumblingerstraße 21, 80337 München

Druck und Bindung: Druckerei C.H. Beck, Nördlingen
(Adresse der Druckerei: Wilhelmstraße 9, 80801 München)
Satz: ottomedien, Darmstadt
Umschlaggestaltung: Design Concept Krön, Puchheim,
unter Verwendung eines Fotos von © eccolo, fotolia.com
ISBN 978-3-423-50767-7 (dtv)
ISBN 978-3-406-66644-5 (C. H. Beck)

9 783406 666445

# Vorwort

An Arbeitszeugnissen führt kein Weg vorbei! Gerade in Zeiten langanhaltend hoher Arbeitslosenziffern wächst ihre Bedeutung ständig: Das Zwischenzeugnis erlaubt dem Arbeitnehmer eine Kontrolle der Einschätzung durch seine Vorgesetzten; das Endzeugnis – insbesondere das qualifizierte – dient vor allem dazu, sich bei Bewerbungen aus der Vielzahl der Konkurrenten bei der von den Personalchefs zu treffenden Vorauswahl herauszuheben, um überhaupt die Möglichkeit eines Vorstellungsgesprächs zu erhalten.

Dies erklärt, warum es bei Arbeitszeugnissen – ähnlich wie bei den Einzelnoten von Schulzeugnissen – auf jede konkrete Formulierung ankommt. Häufig führen Meinungsverschiedenheiten hierbei zu Auseinandersetzungen zwischen Arbeitnehmern und Arbeitgebern, die – nicht nur bei gekündigten Arbeitsverhältnissen – in zunehmendem Maße auch Anwaltschaft und Gerichte beschäftigen.

In diesem Taschenbuch, das sich in erster Linie an Arbeitnehmer wendet, werden alle Rechtsfragen im Zusammenhang mit Arbeitszeugnissen behandelt, und zwar von der Anspruchsgrundlage bis zur Zwangsvollstreckung. Die Geheimsprache wird entschlüsselt sowie Probleme der Auskunftserteilung unter Arbeitgebern, Schadensersatzansprüche und Kostenfragen erläutert; ein gesondertes Kapitel befasst sich mit den Arbeitsbescheinigungen.

Im Folgenden soll nur die Rede sein vom Arbeitnehmer, Arbeitgeber, Zeugnisempfänger, Anspruchsinhaber und -gegner, Kläger, Gläubiger und Schuldner etc.; dies geschieht aus Gründen der Vereinfachung und dient allein der besseren Lesbarkeit.

Der Rechtsberater entstand aus der täglichen anwaltlichen Praxis der Verfasser und berücksichtigt Rechtsprechung und Literatur bis einschließlich Dezember 2014.

München, im Februar 2015 Die Verfasser

# Inhaltsübersicht

# Inhaltsverzeichnis

# Literaturverzeichnis


Beck'scher Online-Kommentar Arbeitsrecht, 33. Ed. 2014 (zit.: Beck OK ArbR/*Bearbeiter*)

Erfurter Kommentar zum Arbeitsrecht, 15. Aufl. 2015 (zit.: ErfK/*Bearbeiter*)

Fitting/Engels/Schmidt/Trebinger/Linsenmaier, Betriebsverfassungsgesetz: BetrVG, 27. Aufl. 2014 (zit.: Fitting, BetrVG)

Huber/Müller, Das Arbeitszeugnis in Recht und Praxis, 15. Aufl. 2014

Küttner, Personalhandbuch 2014, 21. Aufl. 2014 (zit.: Küttner/*Bearbeiter*)

Münchener Kommentar zum Bürgerlichen Gesetzbuch, 6. Aufl. 2012 ff. (zit.: MüKoBGB/*Bearbeiter*)

Palandt, Bürgerliches Gesetzbuch, 74. Aufl. 2015 (zit.: Palandt/*Bearbeiter*)

Schaub, Arbeitsrechts-Handbuch, 15. Aufl. 2013 (zit.: Schaub/*Bearbeiter* ArbR-Hdb)

Schleßmann, Das Arbeitszeugnis, 20. Aufl. 2012

Tettinger/Wank/Ennuschat, Gewerbeordnung: GewO, 8. Aufl. 2011

Weuster/Scheer, Arbeitszeugnisse in Textbausteinen, 12. Aufl. 2010

# Abkürzungsverzeichnis

| | |
|---|---|
| a. A. | anderer Ansicht |
| aaO. | am angegebenen Ort |
| Abs. | Absatz |
| AFG | Arbeitsförderungsgesetz |
| AGG | Allgemeines Gleichbehandlungsgesetz |
| AiB | Arbeitsrecht im Betrieb (Zeitschrift) |
| AMBl. | Amtsblatt des Bayerischen Staatsministeriums für Arbeit und Sozialordnung |
| Anm. | Anmerkung |
| AnwBl. | Anwaltsblatt (Zeitschrift) |
| AP | Arbeitsrechtliche Praxis (Entscheidungssammlung) |
| ARB | Allgemeine Bedingungen für die Rechtsschutzversicherung |
| ArbG | Arbeitsgericht |
| ArbGG | Arbeitsgerichtsgesetz |
| ArbPlSchG | Arbeitsplatzschutzgesetz |
| ArbR | Arbeitsrecht Aktuell (Zeitschrift) |
| ArbZG | Arbeitszeitgesetz |
| ARST | Arbeitsrecht in Stichworten (Entscheidungssammlung) |
| Art. | Artikel |
| ASiG | Arbeitssicherheitsgesetz |
| AÜG | Arbeitnehmerüberlassungsgesetz |
| AuR | Arbeit und Recht (Zeitschrift) |
| BAG | Bundesarbeitsgericht |
| BAGE | amtliche Sammlung der Entscheidung des BAG |
| BAT | Bundesangestelltentarifvertrag |
| BayBG | Bayerisches Beamtengesetz |
| BayLbV | Verordnung über die Laufbahnen der bayerischen Beamten |
| BayObLG | Bayerisches Oberstes Landesgericht |

BayObLGSt .......... Entscheidungen des Bayerischen Obersten Landesgerichts in Strafsachen
BB ...................... Betriebs-Berater (Zeitschrift)
BBG ................... Bundesbeamtengesetz
BBiG .................. Berufsbildungsgesetz
BDSG-E ............. Beschäftigtendatenschutzgesetz-Entwurf
Bem. ................... Bemerkung
BEEG .................. Bundeselterngeld- und Elternzeitgesetz
BetrVG ............... Betriebsverfassungsgesetz
BGB ................... Bürgerliches Gesetzbuch
BGBl. .................. Bundesgesetzblatt
BGH ................... Bundesgerichtshof
BMT-G II ........... Bundesmanteltarifvertrag für die Arbeiter gemeindlicher Verwaltungen und Betriebe
BRAGO ............... Bundesgebührenordnung für Rechtsanwälte
BRRG ................. Beamtenrechtsrahmengesetz
BVerfG ................ Bundesverfassungsgericht
BZRG ................. Bundeszentralregistergesetz
bzw. .................... beziehungsweise
ca. ...................... circa
DB ...................... Der Betrieb (Zeitschrift)
ders. ................... derselbe
DGVZ ................ Deutsche Gerichtsvollzieher Zeitung
DGB ................... Deutscher Gewerkschaftsbund
d. h. .................... das heißt
EBE / BAG .......... Eildienst Bundesgerichtlicher Entscheidungen / Bundesarbeitsgericht
EhfG ................... Entwicklungshelfergesetz
EStG ................... Einkommensteuergesetz
EuGH ................. Europäischer Gerichtshof
EzA .................... Entscheidungen zum Arbeitsrecht (Entscheidungssammlung)
FA ...................... Fachanwalt Arbeitsrecht (Zeitschrift)
f. ........................ folgende
ff. ....................... fortfolgende
G ....................... Gesetz
GG ..................... Grundgesetz

gem. .................... gemäß
GewO .................. Gewerbeordnung
HAG .................... Heimarbeitsgesetz
HGB .................... Handelsgesetzbuch
h. M. .................... herrschende Meinung
idF. ...................... in der Fassung
idR. ...................... in der Regel
iSd. ...................... im Sinne des
iSv. ...................... im Sinne von
iVm. .................... in Verbindung mit
Jur. Büro ............. Juristisches Büro (Zeitschrift)
JZ ........................ Juristen-Zeitung (Zeitschrift)
KG ...................... Kammergericht
KSchG ................ Kündigungsschutzgesetz
KTS .................... Zeitschrift für Konkurs-, Treuhand- und Schiedsgerichtswesen
LAG .................. Landesarbeitsgericht
LAGE .................. Entscheidungen der Landesarbeitsgerichte (Entscheidungssammlung)
LSG ..................... Landessozialgericht
Ls. ....................... Leitsatz
MDR .................. Monatsschrift des deutschen Rechts (Zeitschrift)
m. E. ................... Meines Erachtens
MRK .................. Menschenrechtskonvention
MTArb ................ Manteltarifvertrag für Arbeiter und Arbeiterinnen des Bundes und der Länder
MTB ................... Manteltarifvertrag für Arbeiter des Bundes
MTV .................. Manteltarifvertrag
mwN. ................. Mit weiteren Nachweisen
NJW ................... Neue Juristische Wochenschrift (Zeitschrift)
Nr. ...................... Nummer
NZA ................... Neue Zeitschrift für Arbeits- und Sozialrecht
o. ä. ..................... oder ähnliches
OLG ................... Oberlandesgericht
PersR .................. Der Personalrat (Zeitschrift)
PersV .................. Die Personalvertretung (Zeitschrift)

Pkh .................... Prozesskostenhilfe
RdA .................... Recht der Arbeit (Zeitschrift)
RVG .................... Rechtsanwaltsvergütungsgesetz
RVO .................... Reichsversicherungsordnung
S. ...................... Seite
SchwbG ............. Schwerbehindertengesetz
SeemG ............... Seemannsgesetz
SGB .................... Sozialgesetzbuch
SGb .................... Die Sozialgerichtsbarkeit (Zeitschrift)
sog. .................... sogenannt
SoldG ................ Soldatengesetz
StGB ................... Strafgesetzbuch
TV ...................... Tarifvertrag
TVAL ................. Tarifvertrag für die Arbeitnehmer bei den Stationierungsstreitkräften im Gebiet der Bundesrepublik Deutschland
TVG .................. Tarifvertragsgesetz
TVöD ................. Tarifvertrag für den öffentlichen Dienst
u. a. .................... unter anderem
Urt. .................... Urteil
VersR .................. Versicherungsrecht (Zeitschrift)
vgl. ..................... vergleiche
Vorbem. ............. Vorbemerkung
VV ...................... Vergütungsverzeichnis (zum RVG)
WRV ................. Weimarer Reichsverfassung
z. B. .................... zum Beispiel
ZDG .................. Zivildienstgesetz
ZPO .................. Zivilprozessordnung
ZRP .................... Zeitschrift für Rechtspolitik
ZTR ................... Zeitschrift für Tarifrecht

# 1. Kapitel

# Die Arbeitsbescheinigung

## I. Arbeits- und Entgeltbescheinigungen

In der Praxis werden häufig Arbeits- und Entgeltbescheinigungen ausgefüllt, damit der Arbeitnehmer mit ihnen den Nachweis bestimmter Tätigkeiten bzw. Einkommen führen kann. Diese Bescheinigungen enthalten keine Auskünfte über die vom Arbeitnehmer erbrachten Leistungen und sein Verhalten. Sie sind nicht mit dem einfachen Zeugnis (siehe hierzu S. 72) zu verwechseln und dienen beispielsweise der Beantragung von Stipendien, dem Bezug verbilligter Fahrkarten u. ä. Der Arbeitgeber ist zur Ausstellung solcher Bestätigungen auf Grund seiner Fürsorgepflicht gegenüber dem Arbeitnehmer verpflichtet; der Arbeitnehmer hat Anspruch auf wahrheitsgemäße Erteilung (vgl. LAG Hamm DB 1976, 923 = BB 1976, 603). Dies gilt für sämtliche Bescheinigungen und damit auch für die Lohnsteuerbescheinigung nach den §§ 39 ff. EStG, insb. § 41b EStG. Nach einem Urteil des LAG Nürnberg vom 21.7.1983 (AMBl. 1983 C 43) besteht auch eine Verpflichtung des Arbeitgebers, dem Arbeitnehmer eine Entgeltbescheinigung auszustellen, damit das in einem Ehescheidungsverfahren zuständige Familiengericht den Versorgungsausgleich durchführen kann. Der Arbeitgeber muss solche Bescheinigungen nach Beendigung des Arbeitsverhältnisses dem Arbeitnehmer nicht zusenden, sondern lediglich zur Abholung durch diesen bereithalten, sog. Holschuld (siehe unten S. 44). Ein Zurückbehaltungsrecht steht dem Arbeitgeber allerdings nicht zu (vgl. zu Lohnsteuerkarte und Versicherungsnachweisheft: Becker-Schaffner DB 1983, 1304).

## II. Arbeitsbescheinigung nach § 312 SGB III

Von besonderer Bedeutung für den Arbeitnehmer ist neben der Lohnsteuerkarte, oft fälschlicherweise als Arbeitgeberbescheinigung bezeichnet, die Arbeitsbescheinigung gemäß § 312 SGB III: Mit dieser muss der Arbeitgeber alle Tatsachen bescheinigen, die für den Anspruch des Arbeitnehmers auf Arbeitslosengeld von Bedeutung sind. Der Arbeitgeber hat Art und Dauer der Tätigkeit sowie den Grund für die Beendigung des Arbeitsverhältnisses ebenso anzugeben wie die Höhe des gezahlten Gehalts und etwaige sonstige Leistungen (Abfindung, Urlaubsabgeltung etc.). Hierbei sind die von der Bundesagentur für Arbeit vorgesehenen Formulare zur Beschleunigung des Verfahrens zu verwenden. Die Bescheinigung soll nämlich dem Arbeitnehmer ermöglichen, dass er alle von der Bundesagentur für Arbeit verlangten Informationen zur Beantragung von Arbeitslosengeld vorlegen kann.

## III. Ausstellung durch den Arbeitgeber

Der Arbeitgeber hat gegenüber der Bundesagentur für Arbeit eine **öffentlich-rechtliche Pflicht zur Ausstellung** der Arbeitsbescheinigung. Er ist im Falle vorsätzlicher oder fahrlässiger Verletzung dieser Verpflichtung – sei es durch unrichtiges, unvollständiges oder Unterlassen des Ausfüllens der Bescheinigung – der Bundesagentur für Arbeit gemäß § 321 Nr. 1 SGB III zum Ersatz des daraus entstehenden Schadens verpflichtet. Der Arbeitgeber haftet auch für leichte Fahrlässigkeit und gemäß § 278 BGB für Fehler bzw. Unterlassungen seiner Angestellten, die er mit der Erledigung dieser Aufgabe beauftragt hat (vgl. hierzu Gagel SGB III § 321 Bem. 5 unter Hinweis auf die Rechtsprechung des BSG). Verstöße gegen die Verpflichtung aus § 312 SGB III können mit einer Geldbuße gemäß § 404 Abs. 2 Nr. 19

iVm. Abs. 3 SGB III in Höhe bis zu € 2.000,– geahndet werden (vgl. in diesem Zusammenhang noch die Urteile des Bay. LSG NZA 1988, 670 mit Anm. von Ermer NZA 1988, 649 u. BSG NZA 1989, 535).

Gegenüber dem Arbeitnehmer hat der Arbeitgeber zumindest eine **Nebenpflicht aus dem Arbeitsverhältnis** zur Ausstellung der Bescheinigung (vgl. BeckOK ArbR/*Clemens* § 1 ArbGG Rn. 21). Der Arbeitnehmer hat nicht die Pflicht, die Arbeitsbescheinigung anzufordern oder beim Arbeitgeber abzuholen. Er muss sie lediglich in Empfang nehmen, wenn der Arbeitgeber sie ihm aushändigt bzw. zusendet und bei der Stellung des Antrags auf Arbeitslosengeld bei der Arbeitsagentur vorlegen, § 60 Abs. 1 Nr. 3 SGB I.

## IV. Durchsetzungsmöglichkeiten des Arbeitnehmers

Erfüllt der Arbeitgeber seine Verpflichtungen gemäß § 312 SGB III nicht, kann der Arbeitnehmer ihn auf Ausfüllung und Herausgabe der Arbeitsbescheinigung verklagen. Hierfür sind nach richtiger Ansicht die **Arbeitsgerichte** gemäß § 2 Abs. 1 Nr. 3e ArbGG zuständig, da es sich insoweit um einen bürgerlichen Rechtsstreit zwischen Arbeitnehmer und Arbeitgeber über Arbeitspapiere handelt (vgl. BAG NZA 1992, 996 = DB 1992, 2199; LAG Nürnberg AMBl. 1985 C 6; Clemens aaO.) Während also auf Ausfüllung und Herausgabe vor den Arbeitsgerichten geklagt werden kann, ist für die Berichtigung, Ergänzung oder Ausfüllung der Arbeitsbescheinigung mit bestimmten Angaben der Rechtsweg nicht zu den Arbeitsgerichten, sondern zu den **Sozialgerichten** eröffnet: Insoweit liegt nämlich eine öffentlich-rechtliche Streitigkeit aus dem Bereich der Sozialversicherung vor (BAG NZA 1989, 321 = DB 1989, 587; ebenso: BSG NZA 1991, 696 = NJW 1991, 2101).

Die Begründung des BAG ist zwar dogmatisch richtig, die Praxis hingegen für den Arbeitnehmer ungünstig: Klagt er z. B. wegen der Erteilung bzw. Berichtigung eines Arbeitszeugnisses gegen seinen ehemaligen Arbeitgeber, kann er hiermit nur seinen Anspruch auf Ausfüllung und Herausgabe der Arbeitsbescheinigung verbinden,

d. h. in demselben Verfahren geltend machen. Hat er aber zwischenzeitlich eine falsch ausgefüllte Bescheinigung erhalten, muss er wegen deren Berichtigung gesondert die Sozialgerichte anrufen. Der Nachteil liegt nicht nur in der Notwendigkeit zweier Verfahren und den damit verbundenen Kosten (siehe unten S. 138), sondern auch in der weitaus längeren Dauer der Sozialgerichtsverfahren (kritisch auch: Clemens aaO.). Aus diesem Grund werden häufig auch Ansprüche betreffend den Inhalt der Arbeitsbescheinigung, die eigentlich vor die Sozialgerichte gehören, in arbeitsgerichtlichen Prozessvergleichen miterledigt, z. B. in der Form, dass der Arbeitgeber sich zur Ausfüllung der Bescheinigung mit einem bestimmten Inhalt verpflichtet. Dies ist möglich und zulässig, dient dem Rechtsfrieden und erspart Arbeitnehmer und Arbeitgeber den – zusätzlichen – Gang zu den Sozialgerichten.

Darüber hinaus hat der Arbeitnehmer noch folgende Möglichkeiten: Erhält er auf Grund unzutreffender Angaben des Arbeitgebers in der Arbeitsbescheinigung einen unrichtigen Bescheid der Bundesagentur für Arbeit, so kann er diesen im Widerspruchsverfahren bzw. im sozialgerichtlichen Klageverfahren angreifen. Hierbei ist dann der Arbeitgeber als Zeuge zu vernehmen. Dies gilt vor allem bei der Verhängung einer **Sperrzeit gemäß § 159 SGB III** für den Bezug des Arbeitslosengeldes: Sie beträgt grundsätzlich 12 Wochen. Hiermit ist immer dann zu rechnen, wenn in der Arbeitsbescheinigung steht, dass der Arbeitnehmer das Arbeitsverhältnis gelöst oder durch vertragswidriges Verhalten eine Kündigung des Arbeitgebers veranlasst habe und dadurch die Arbeitslosigkeit vorsätzlich oder grob fahrlässig herbeigeführt hat, ohne einen wichtigen Grund hierfür zu haben, § 159 Abs. 1 SGB III (Sperrzeit bei Arbeitsaufgabe; siehe umfassend hierzu: Schulz SGb 2005, 89).

Stellt jedoch das Sozialgericht im Verfahren über die Anfechtung des Sperrzeitbescheides fest, dass die Voraussetzungen für dessen Erlass tatsächlich nicht vorlagen, hat der klagende Arbeitnehmer Anspruch auf Nachzahlung des gesperrten Arbeitslosengeldes. Das bedeutet also, dass der Arbeitnehmer im Endeffekt zwar zu seinem Recht und Arbeitslosengeld kommt, die regelmäßig monatelange Verzögerung jedoch zu seinen Lasten (Kreditaufnahme etc.) geht.

Dies ist das Ergebnis allein der Tatsache, dass ein bestimmter Inhalt der Arbeitsbescheinigung nicht in einem – schnelleren – Arbeitsgerichtsverfahren eingeklagt werden kann!

Die Bescheinigung gemäß § 312 SGB III erlangt auch im Zusammenhang mit der **Anordnung des Ruhens des Arbeitslosengeldes gemäß § 158 SGB III** Bedeutung, da die anzugebenden Abfindungszahlungen bei Verzicht des Arbeitnehmers auf Kündigungsfrist, jedoch unter Berücksichtigung von dessen Lebensalter und Betriebszugehörigkeit – auf das zu beanspruchende Arbeitslosengeld angerechnet werden können.

Der Arbeitnehmer hat Anspruch auf Ausstellung der Arbeitsbescheinigung grundsätzlich bereits bei tatsächlicher Beendigung des Arbeitsverhältnisses und nicht erst z. B. mit Ablauf der Kündigungsfrist; es kommen nämlich schon zu diesem Zeitpunkt Ansprüche auf Leistungen nach § 136 ff. SGB III in Betracht.

Die Arbeitsbescheinigung ist Grundlage für die behördliche Ermittlung zur Leistungsgewährung; sie dient nicht der Arbeitsvermittlung oder Arbeitssuche. Sie ist kein Ersatzzeugnis und auch kein Zeugnisersatz!

# 2. Kapitel

# Das Arbeitszeugnis

## I. Bedeutung

Der Arbeitnehmer kann vom Arbeitgeber bei Beendigung seines Arbeitsverhältnisses die Erteilung eines Arbeitszeugnisses verlangen; der Arbeitgeber ist zur Ausstellung verpflichtet.

Jeder Arbeitnehmer braucht für die Bewerbung um einen neuen Arbeitsplatz Nachweise über seine früheren Tätigkeiten und Leistungen. Das Arbeitszeugnis ist daher nach wie vor – trotz aller Auskünfte zwischen den Arbeitgebern (siehe unten S. 155) – die **wichtigste Bewerbungsunterlage** des Arbeitnehmers: es dient heute vor allem dazu, sich bei den Bewerbungsverfahren insbesondere größerer Firmen aus der Vielzahl von Konkurrenten hervorzuheben, wenn im ersten Durchgang eine Vorauswahl getroffen wird (eingehend zur Personalauswahl: Hunold DB 1993, 224; Historisches zum Arbeitszeugnis berichtet Schleßmann NZA 2006, 1392). Auf diese Weise erreicht der Arbeitnehmer zumeist erst die Zulassung zu Auswahltests bzw. Vorstellungsgesprächen. Mit einem nur durchschnittlichen oder gar schlechten Arbeitszeugnis ist heutzutage nahezu jede Bewerbung zum Scheitern verurteilt!

## II. Das gefälschte Zeugnis – Strafrechtliche Aspekte

Die immense Bedeutung des Arbeitszeugnisses als Bewerbungsunterlage bestätigt – allerdings in negativer Hinsicht – die Entscheidung des BayOblG vom 11.05.1992 – 5 St RR 16/92 zur Strafbarkeit der Vorlage eines selbst „hergestellten" Zeugnisses durch einen Bewerber. Dieser hatte einen eigenen Zeugnistext auf Geschäftspapier seines Arbeitgebers kopiert, dann dessen Unterschrift aus einem anderen Geschäftsbrief hinzukopiert und die Ablichtung des so gewonnenen Schriftstücks bei Bewerbungen vorgelegt. Das BayOblG verneint in diesem Beschluss sowohl das Vorliegen einer Urkundenfälschung gemäß § 267 StGB als auch eines (versuchten) Anstellungsbetrugs gemäß den §§ 263, 22, 23 StGB. Das Gericht hält es jedoch wegen der seit langem im Geschäfts- und Rechtsverkehr üblichen Verwendung von Fotokopien für wünschenswert, auch die Benutzung einer Kopie unter strafrechtlichen Schutz zu stellen; weist aber gleichzeitig darauf hin, dass dies Sache des Gesetzgebers sei (vgl. BayOblGSt 1992,52); Eine solche Vorschrift ist allerdings bis heute nicht geschaffen worden. Der exakt gegenteiligen Ansicht ist das LAG Köln, das in der Verwendung eines gefälschten Zeugnisses zu Bewerbungszwecken eine Täuschungshandlung i.S.d. § 263 StGB sieht und dem so über die Qualifikation des Arbeitnehmers getäuschten Arbeitgeber, der diesen Bewerber einstellt, einen Schadensersatzanspruch gemäß § 823 Abs. 2 BGB gegenüber dem Fälscher auf Erstattung des gezahlten Gehalts einschließlich der Arbeitgeberanteile zur Sozialversicherung zuspricht. Außerdem soll sich der so eingestellte Arbeitnehmer nicht darauf berufen können, dass seine Arbeitsleistung „das Geld wert" gewesen sei (vgl. LAG Köln NZA – RR 2000, 630). Deshalb muss von „Experimenten" dieser Art dringendst abgeraten werden!

# III. Rechtsgrundlagen

Die wichtigsten gesetzlichen Bestimmungen fanden sich bis zum 31.12.2002 in den § 630 BGB, § 73 HGB, § 113 GewO und § 8 BBiG. Seit dem 1.1.2003 verweist § 630 S. 4 BGB auf § 109 GewO als neue Zentralnorm des Zeugnisrechts, wenn Anspruchsberechtigter ein Arbeitnehmer ist. Die §§ 73 HGB und 113 GewO sind entfallen; § 16 BBiG gilt nunmehr. Da gem. § 6 Abs. 2 GewO für alle Arbeitnehmer nunmehr § 109 GewO zur Anwendung kommt, werden jetzt von § 630 BGB nur noch arbeitnehmerähnliche und sonstige Dienstverhältnisse erfasst. Tarifvertragsnormen wie z. B. § 35 TVöD enthalten zumeist den genannten Gesetzesvorschriften nachgebildete Bestimmungen. In vielen Einzelarbeitsverträgen – zumal bei Musterarbeitsverträgen – finden sich Wiederholungen des Gesetzeswortlauts. Selbst wenn keine der vorstehenden Anspruchsgrundlagen eingreifen sollte, besteht ein Anspruch des Arbeitnehmers auf Zeugniserteilung: Dieser folgt in jedem Fall aus der **Fürsorgepflicht des Arbeitgebers.** Es besteht somit ein einheitlicher Zeugnisanspruch aller Arbeitnehmer (vgl. hierzu: Schaub/*Linck* ArbR-Hdb. § 147 Rn. 1). Die genannten gesetzlichen, tarifvertraglichen und einzelvertraglichen Bestimmungen sind daher als Konkretisierung dieses umfassenden Anspruchs auf Zeugniserteilung zu verstehen.

In § 630 BGB wurde als Voraussetzung des Zeugnisanspruchs die Beendigung eines **„dauernden"** Dienst- bzw. Arbeitsverhältnisses gefordert, ein Tatbestandsmerkmal, das z. B. in den § 73 HGB, § 113 GewO oder § 8 BBiG nicht enthalten war. Auch im nun geltenden § 109 GewO ist dieses Merkmal nicht mehr vorhanden. Daher können auch kürzere und kurze Beschäftigungszeiten einen Zeugnisanspruch entstehen lassen. § 109 GewO enthält keine Einschränkung, dass ein Arbeitsverhältnis von einer gewissen Dauer sein muss. Um den Zweck eines Arbeitsverhältnisses zu erreichen, ist selbst je nach den Umständen des Einzelfalles sogar für ein Eintagesarbeitsverhältnis ein Arbeitszeugnis zu erteilen (ebenso: Küttner/*Poeche* Personalbuch 2014, S. 2642). Fraglich ist allerdings, ob in einem solchen Fall überhaupt Führung und Leistung des Arbeitnehmers durch den Arbeitgeber zuverlässig beurteilt werden können. Diese Frage wurde unter Geltung des alten Rechts zuletzt noch kontrovers diskutiert: Das ArbG Frankfurt (NZA-RR 2002, 182 = AuA 2002, 280) verneint, das LAG Köln (BB 2001, 1959) befürwortet den Anspruch auf ein qualifiziertes Zeugnis auch in diesem Fall (siehe auch: Geyer FA 2002, 334).

Nach § 630 BGB konnte der Arbeitnehmer vom Arbeitgeber ein Zeugnis **„fordern"**; dieselbe Formulierung fand sich in § 73 HGB und § 113 GewO. Das bedeutete, dass der Arbeitnehmer grundsätzlich zunächst sein Zeugnis vom Arbeitgeber verlangen musste; dieser war nicht verpflichtet, zuvor tätig zu werden. Es war allerdings schon bislang üblich bzw. zumindest wünschenswert, dass der Arbeitgeber von sich aus dem Arbeitnehmer das Arbeitszeugnis zusammen mit den übrigen Arbeitspapieren (Lohnsteuerkarte bzw. Lohnsteuerbescheinigung) aushändigte. Gem. § 109 GewO ist ein solches Verlangen für die Anspruchsentstehung nicht mehr erforderlich, sondern nur noch Voraussetzung für die Fälligkeit des Zeugnisanspruchs. Nach § 16 BBiG hat der Ausbildende (nicht der Ausbilder!) das Ausbildungszeugnis ebenfalls ohne Aufforderung des Auszubildenden zu erteilen.

Weit verbreitet ist die Sitte bzw. Unsitte, dass der Arbeitgeber sich vor Erstellung des Zeugnisses einen **Vorschlag des Arbeitnehmers** unterbreiten lässt, der ihm die – oftmals als lästige Pflicht angesehene – Formulierungsarbeit erleichtern soll. Man kann sich als Arbeitnehmer hier zwar auf den rechtlich zutreffenden Standpunkt stellen, dass die Erteilung und damit auch die Formulierung des Arbeitszeugnisses Recht und zugleich Pflicht des Arbeitgebers ist. Der Arbeitnehmer jedoch, der von seinem Arbeitgeber um einen Vorschlag gebeten wird, sollte hierin keine unzumutbare Mehrarbeit sehen (siehe hierzu auch: Schulz in Anm. zu BAG AP Nr. 33 zu § 630 BGB). Mit der Vorlage eines Zeugnisentwurfs ergibt sich die Chance, dass der Arbeitgeber die vom Arbeitnehmer gewünschten Formulierungen – wenn nicht ganz, so doch in weiten Teilen – übernimmt. Diese Verfahrensweise kann beiden Seiten Zeit und Kosten sparen, da so oftmals „Nachbesserungsarbeiten" und/oder gerichtliche Auseinandersetzungen vermieden werden können (zum Berichtigungs- bzw. Neuerteilungsanspruch sowie zu Verfahrens- und Kostenfragen siehe unten S. 128 bzw. S. 138).

Nachdem zuvor schon ausgeführt wurde, dass ein Zeugnisanspruch auch bei nur kurzer tatsächlicher Dauer des Arbeitsverhältnisses besteht, ist in diesem Zusammenhang noch folgende Besonderheit festzustellen: Der Zeugniserteilungsanspruch besteht selbst dann, wenn der dem Arbeitsverhältnis zugrundeliegende Arbeitsvertrag vom Arbeitgeber wegen arglistiger Täuschung des Arbeitnehmers (er verschweigt einschlägige Vorstrafen) gemäß § 123 BGB angefochten wurde. Nach der Rechtsprechung (BAG AP Nr. 2 zu § 123 BGB) wirkt die Anfechtung eines Arbeitsvertrags nur ex nunc, d. h. nur für die Zukunft. Bis zu diesem Zeitpunkt liegt ein sog. **faktisches Arbeitsverhältnis** vor, welches für die Zeit bis zur Anfechtung wie ein fehlerfrei zustande gekommenes Arbeitsverhältnis behandelt wird (vgl. BAG aaO.). Auch in einem solchen Fall wird der Arbeitnehmer die Erteilung eines Arbeitszeugnisses vom Arbeitgeber verlangen können (ebenso: ErfK/*Müller-Glöge* § 109 Rn. 2a). Ob der Arbeitnehmer in einem solchen Fall allerdings ein besonders positives Zeugnis erwarten darf, erscheint zweifelhaft: zwar darf auch bei einem nachträglich angefochtenen Arbeitsvertrag das den Anfechtungsgrund auslösende Verhalten des Arbeitnehmers nicht im Zeugnis erwähnt werden (zur Angabe des Beendigungsgrundes im Zeugnis siehe unten S. 79), da ja nur das – faktische – Arbeitsverhältnis als solches zu beurteilen ist; ein „bitterer Nachgeschmack“ dürfte dennoch bleiben, so dass auch in solchen Fällen wohl besser nur ein einfaches Zeugnis verlangt werden sollte.

# IV. Berechtigter Personenkreis

## 1. Arbeitnehmer im Allgemeinen

Grundsätzlich hat jeder Arbeitnehmer Anspruch auf Erteilung eines Arbeitszeugnisses.

Hierunter fallen zunächst per definitionem alle diejenigen, die auf Grund eines privatrechtlichen (Arbeits-)Vertrags einem anderen für eine gewisse Dauer und gegen Entgelt zur Arbeitsleistung verpflichtet sind (vgl. allgemein zum Arbeitnehmer-Begriff: Schaub/*Linck* ArbR-Hdb. §§ 8 ff.). Wenn Familienmitglieder nicht lediglich auf Grund ihrer familiären Beziehungen im Betrieb mitarbeiten, können auch sie Arbeitnehmer mit Zeugnisanspruch sein.

## 2. Handlungsgehilfen

Handlungsgehilfen, d. h. kaufmännische Angestellte haben ihren Anspruch auf Zeugniserteilung nun gem. § 109 GewO.

## 3. Gewerbliche Arbeitnehmer

Aus § 109 GewO folgt derselbe Anspruch für alle gewerblichen Arbeitnehmer, d. h. sowohl gewerbliche Arbeiter als auch technische Angestellte in der gewerblichen Wirtschaft. Die Vorschrift gilt ebenso für Bergleute und Besatzungsmitglieder der Binnen- und Seeschifffahrt (zu den Besonderheiten hier siehe ErfK/*Müller-Glöge* § 109 GewO Rn. 2c).

Eine Besonderheit wies § 113 Abs. 4 GewO auf: Danach konnte bei einem minderjährigen gewerblichen Arbeitnehmer das Zeugnis von den gesetzlichen Vertretern, idR. den Eltern, verlangt werden, die außerdem die Herausgabe nicht an den Minderjährigen, sondern an sich selbst fordern konnten. Im Rahmen der Neuordnung des Zeugnisrechts (s. o. S. 9) seit dem 1.1.2003 wurde § 113 GewO und damit auch diese Problematik aufgehoben.

## 4. Auszubildende

Für alle kaufmännischen, gewerblichen und handwerklichen Auszubildenden fasst das BBiG das Ausbildungswesen zusammen und legt in § 16 BBiG einen einheitlichen Zeugnisanspruch fest. Erfasst werden von dieser Bestimmung alle drei im BBiG geregelten Arten von Berufsbildung: die eigentliche Berufsbildung (früher als Lehrlingswesen bezeichnet), die berufliche Fortbildung und die berufliche Umschulung, die sämtlich in § 1 BBiG definiert sind.

## 5. Praktikanten, Volontäre und Werkstudenten

Praktikanten, Volontäre und Werkstudenten haben ebenfalls Zeugnisansprüche.

Praktikanten müssen nach entsprechenden Hochschulvorschriften z. B. zur Vorbereitung und während eines technischen Studiums praktische Tätigkeiten von zumeist sechsmonatiger Dauer nachweisen, bevor sie zum Studium selbst oder zu Prüfungen zugelassen werden. Hierüber geben dann die jeweils auszustellenden Praktikantenzeugnisse Auskunft. Gemäß § 26 BBiG gilt hier die Vorschrift des § 16 BBiG entsprechend.

Volontäre wurden noch in § 82a HGB als Personen definiert, die zum Zweck ihrer Ausbildung unentgeltlich kaufmännische Dienste leisten, ohne Lehrlinge zu sein. Heute gilt auch hier § 26 BBiG, soweit kein Arbeits- und kein Ausbildungsverhältnis begründet wurde. Der Anspruch auf Zeugniserteilung folgt aus der entsprechenden Anwendung von § 16 BBiG.

Werkstudenten stehen in der Regel in einem befristeten Arbeitsverhältnis z. B. für die Dauer der Semesterferien; ihr Ziel ist nicht vorrangig die Ausbildung oder der Nachweis von Tätigkeiten (wie bei den Praktikanten), sondern Geldverdienst zur Studienfinanzierung. Ihr Zeugnisanspruch richtet sich daher im allgemeinen nach § 109 GewO, in seltenen Ausnahmefällen nach § 630 BGB.

## 6. Arbeitnehmer in Probearbeitsverhältnissen

Da das Probearbeitsverhältnis ein vollwertiges Arbeitsverhältnis ist, entsteht ein Anspruch des Arbeitnehmers auf Zeugniserteilung gemäß § 109 GewO mit dessen Beendigung (vgl. hierzu: ErfK/*Müller-Glöge* § 109 GewO Rn. 2b). War das Probearbeitsverhältnis von vorneherein auf bestimmte Dauer befristet und der sachliche Grund für die Befristung als solche und deren Dauer die Erprobung des Arbeitnehmers, dann endet das Probearbeitsverhältnis automatisch, d. h. ohne dass es einer Kündigung bedarf, mit Ablauf der vereinbarten Zeit. Vereinbaren die Arbeitsvertragsparteien – üblicherweise – jedoch, dass das Arbeitsverhältnis auf unbestimmte Zeit fortgesetzt werden soll, wenn es nicht von einer Seite bis zum Ablauf der Probezeit gekündigt wird, gilt folgendes: Erfolgt keine Kündigung, geht das Probearbeitsverhältnis in ein „normales“ Arbeitsverhältnis über; der Arbeitnehmer kann nach Ablauf der Probezeit die Erteilung eines Zwischenzeugnisses verlangen. Die Beendigung der Probezeit ist berechtigter Anlass für das Fordern eines Zwischenzeugnisses (siehe hierzu im Einzelnen unten S. 30). Wird das Probearbeitsverhältnis rechtzeitig von einer Seite gekündigt – dies ist nach einer älteren Entscheidung des BAG auch noch bei Zugang der Kündigung innerhalb der Probezeit, jedoch außerhalb dieser Zeit liegendem Beendigungszeitpunkt möglich (vgl. BAG AP Nr. 30 zu § 133 BGB) – hat der Arbeitnehmer natürlich Anspruch auf Erteilung eines (End-)Zeugnisses. Auch hier stellt sich allerdings die Frage, ob in diesem Fall ein einfaches oder qualifiziertes Arbeitszeugnis vorteilhafter ist.

## 7. Teilzeitbeschäftigte

Teilzeitbeschäftigte sind die Arbeitnehmer, deren regelmäßige wöchentliche Arbeitszeit kürzer ist als diejenige der vergleichbaren vollzeitbeschäftigten Arbeitnehmer eines Betriebes. Sie haben wie alle anderen Arbeitnehmer Anspruch auf Zeugniserteilung gemäß § 109 GewO.

## 8. Heimarbeiter

Auch die in Heimarbeit Beschäftigten (zum Begriff siehe § 2 HAG) sind Arbeitnehmer (vgl. auch § 5 Abs. 1 ArbGG) und haben denselben Zeugnisanspruch wie die übrigen Arbeitnehmer.

## 9. Leiharbeitnehmer

Leiharbeitnehmer werden von ihrem Arbeitgeber (Verleiher) an Dritte (Entleiher) gewerbsmäßig zur Arbeitsleistung überlassen (vgl. § 1 Abs. 1 AÜG); sie bleiben auch während ihrer Arbeit beim

Entleiher Arbeitnehmer des Verleihers (vgl. § 14 Abs. 1 AÜG). Sie werden zwar faktisch weitgehend in den Betrieb des Entleihers eingegliedert und haben dort auch Unterrichtungs-, Anhörungs- und Beschwerderechte gemäß den §§ 81 ff. BetrVG iVm. § 14 Abs. 2 AÜG. Ihr Zeugnisanspruch richtet sich jedoch gegen ihren Verleiher-Arbeitgeber. Dieser kann ohne weiteres Art und Dauer der Beschäftigung bescheinigen. Auch wird er auf Grund der „Rückmeldungen" seines Vertragspartners, des Entleihers, zumindest im Wesentlichen über die Leistung und das Verhalten seines Arbeitnehmers informiert sein. Verlangt dieser jedoch die Erteilung eines qualifizierten Arbeitszeugnisses, wird dies der Verleiher-Arbeitgeber nur unter Mitwirkung des Entleihers erstellen können: Letzterer allein kann auf Grund seiner faktischen Nähe zum Arbeitnehmer ein zuverlässiges Leistungs- und Verhaltensurteil abgeben. Die Mitwirkungspflicht des Entleihers ist nicht aus seiner Fürsorgepflicht gegenüber dem Arbeitnehmer abzuleiten (so aber Schleßmann S. 156), da diese ja keine arbeitsvertraglichen Beziehungen zueinander haben. Sie ergibt sich vielmehr daraus, dass der Arbeitnehmer-Überlassungsvertrag zwischen Verleiher und Entleiher ein Vertrag mit Schutzwirkungen zugunsten Dritter, nämlich des in dem Überlassungsvertrag jeweils konkret zu benennenden Arbeitnehmers, ist.

Eine Ausnahme zu Vorstehendem ergibt sich nur dann, wenn der Verleiher nicht im Besitz der nach § 1 Abs. 1 AÜG erforderlichen Erlaubnis ist. In diesem Fall ist der Vertrag zwischen Verleiher und Entleiher gemäß § 9 Nr. 1 AÜG unwirksam. Dann gilt nach § 10 Abs. 1 AÜG zwischen Arbeitnehmer und Entleiher ein Arbeitsvertrag zu dem von Verleiher und Entleiher beabsichtigten Zeitpunkt als zustande gekommen. Im Falle eines durch diese rechtliche Fiktion entstandenen Arbeitsvertrags muss sich der Zeugniserteilungsanspruch des Arbeitnehmers ausnahmsweise gegen den Entleiher richten.

## 10. Leitende Angestellte

Leitende Angestellte haben ebenfalls einen Anspruch auf Zeugniserteilung gemäß § 109 GewO (vgl. LAG Hamm LAGE Nr. 27 zu § 630 BGB). Der Begriff der leitenden Angestellten ist für den Bereich der Betriebsverfassung in § 5 Abs. 3 BetrVG festgelegt. Leitende Angestellte (vgl. in diesem Zusammenhang auch die für den Bereich des Kündigungsschutzes in § 14 KSchG enthaltene Regelung) sind trotz ihrer funktionellen arbeitgebernahen Stellung im Unternehmen Arbeitnehmer mit dem sich aus § 109 GewO ergebenden Zeugnisanspruch.

## 11. Organmitglieder

Auch sog. Organmitglieder können einen Anspruch auf Zeugniserteilung haben. Hierunter fallen die gesetzlichen Vertreter einer juristischen Person, d. h. Gesellschaft mit beschränkter Haftung, Aktiengesellschaft, Kommanditgesellschaft auf Aktien etc. Diese Organmitglieder, z. B. der GmbH-Geschäftsführer, üben zumeist Arbeitgeberfunktionen aus. Obwohl dem Arbeits- bzw. Dienstverhältnis die Abhängigkeit des Beschäftigten eigen ist, können auch die Organmitglieder Zeugnisansprüche haben: In Ergänzung zu den gesetzlichen Vorschriften, z. B. § 35 GmbHG, regeln nämlich die jeweiligen Individualvereinbarungen, wie z. B. Anstellungsverträge und die GmbH-Satzungen, das Maß der Selbstständigkeit des Einzelnen. So kann insbesondere der GmbH-Geschäftsführer, der nicht zugleich (beherrschender) Gesellschafter ist, einen Anspruch auf Zeugniserteilung haben (vgl. BGH DB 1987, 2214; KG BB 1979, 988; Oberrath MDR 1999, 134; Vogel DB 1967, 370). Dies gilt umso mehr für den GmbH-Geschäftsführer, der vor seiner Berufung zum Geschäftsführer im Betrieb bzw. Unternehmen Arbeitnehmer war und dessen Bestellung später widerrufen wurde: Hier lebt nach dem Widerruf das ursprüngliche Anstellungsverhältnis, welches wegen der Bestellung zum Geschäftsführer in der Regel ruhte, wieder auf, es sei denn, das Arbeitsverhältnis wurde ausdrücklich oder konkludent aufgehoben (vgl. BAG AP Nr. 11 zu § 543 ZPO 1977 = NZA

2003, 272). Der Zeugniserteilungsanspruch ergibt sich für diesen Personenkreis nun einheitlich aus § 630 BGB (vgl. Bauer/Opolony BB 2002, 1590).

## 12. Arbeitnehmerähnliche Personen

Arbeitnehmerähnliche Personen unterscheiden sich von den übrigen Arbeitnehmern vor allem dadurch, dass sie nicht in den Betrieb ihres Auftraggebers eingegliedert sind und ihre Tätigkeit auf Grund von Dienst- oder Werkverträgen weisungsfrei erbringen. Sind sie trotz dieser persönlichen Selbstständigkeit jedoch wirtschaftlich abhängig, werden sie wegen ihrer sozialen Schutzbedürftigkeit als arbeitnehmerähnliche Personen eingestuft (vgl. § 5 Abs. 1 ArbGG, § 12a TVG). Ihr Zeugnisanspruch ergibt sich nun aus § 630 BGB (vgl. Huber/Müller, aaO, S. 19; Tettinger/Wank/Ennuschat GewO § 109 Rn. 3).

## 13. Handelsvertreter

Bei den Handelsvertretern sind zwei Gruppen zu unterscheiden: Der selbstständige Handelsvertreter im Sinne der §§ 84 ff. HGB, der auch wirtschaftlich unabhängig ist, sog. freier Handelsvertreter, wird als Unternehmer ohne Arbeitnehmereigenschaft angesehen; er hat keinen Zeugnisanspruch (vgl. OLG Celle BB 1967, 775).

Der wirtschaftlich abhängige, sog. kleine Handelsvertreter im Sinne des § 84 Abs. 2 HGB und der Einfirmenvertreter gemäß den § 92a HGB und § 5 Abs. 3 ArbGG sind als arbeitnehmerähnliche Personen anzusehen, die einen Anspruch auf Zeugniserteilung aus § 630 BGB haben. Die Vorschriften der §§ 84 ff. HGB stellen einen solchen Anspruch zwar nicht ausdrücklich fest; dieser ergibt sich jedoch aus dem Gesichtspunkt der sozialen Schutzbedürftigkeit der genannten Personen sowie dem einheitlichen Zeugnisanspruch aller Arbeitnehmer und arbeitnehmerähnlichen Personen.

Ist der Handelsvertreter eine juristische Person, besteht kein Zeugnisanspruch, da sich sowohl § 109 GewO als auch § 630 BGB nur an natürliche Personen als Zeugnisberechtigte wenden.

## 14. Freie Mitarbeiter

Freie Mitarbeiter unterscheiden sich von den Arbeitnehmern nach ständiger Rechtsprechung des BAG dadurch, dass sie nicht persönlich abhängig und weisungsgebunden sind: „Arbeitnehmer ist, wer seine Dienstleistung im Rahmen einer von seinem Vertragspartner bestimmten Arbeitsorganisation erbringt" (vgl. BAG AP Nr. 102 zu § 611 BGB – Abhängigkeit – = NZA 1999, 205 = DB 1998, 2609 Ls.). Hieran fehlt es bei freien Mitarbeitern grundsätzlich; die Grenzen sind jedoch fließend (vgl. Hohmeister NZA 1998, 571). Seit der Neuordnung des Zeugnisrechts haben freie Mitarbeiter ihren Anspruch auf Zeugniserteilung nun aus § 630 BGB.

## 15. Betriebsärzte

Die Rechtsbeziehungen von Werks- oder Betriebsärzten zum jeweiligen Betriebsinhaber richten sich nach dem Gesetz über Betriebsärzte, Sicherheitsingenieure und andere Fachkräfte für Arbeitssicherheit (ASiG) sowie den konkreten Einzelverträgen. Gemäß § 8 Abs. 1 ASiG sind Betriebsärzte nur ihrem ärztlichen Gewissen unterworfen und handeln bei der Anwendung ihrer arbeitsmedizinischen Fachkunde weisungsfrei. Ihre konkrete Rechtsstellung kann je nach Betriebsart und -größe differieren: Sie können entweder im Nebenberuf tätige Ärzte sein oder aber auch hauptberufliche und in den Arbeitsablauf eingegliederte Beschäftigte des Betriebes sein. Das LAG München stellt zur Abgrenzung in seinem in NJW 1985, 696 (a. A. LAG Köln MDR 2000, 36) abgedruckten Urteil fest, dass ein Betriebsarzt dann kein Arbeitnehmer ist, wenn er

- lediglich 13 Stunden pro Woche für den Betrieb, im Übrigen aber in seiner eigenen Arztpraxis tätig ist,
- im Dienstvertrag als freier Mitarbeiter bezeichnet ist,
- außer Aufgaben nach § 3 ASiG keine zusätzlichen Arbeiten auf Anweisung des Betriebsinhabers wahrnimmt und
- bei eigener Erkrankung auf eigene Kosten eine Vertretung zu stellen hat.

Erzielt der Betriebsarzt aus seiner freien Arztpraxis ein steuerpflichtiges Jahreseinkommen von über € 25.000,–, so soll er nach dem genannten Urteil auch keine arbeitnehmerähnliche Person im Sinne des § 5 Abs. 1 ArbGG sein. Wenn sicherlich dem LAG München hinsichtlich der Gewichtung des zweiten Merkmals widersprochen werden muss – die Bezeichnung kann ja gerade falsch gewählt worden sein – gilt doch folgendes: Wenn der Betriebsarzt auch die Einstellungsuntersuchungen und Gesundheitsüberwachung der Belegschaft durchführt und seine betriebliche Arbeitszeit der der übrigen Beschäftigten entspricht, liegt regelmäßig ein Arbeitsverhältnis und ein Zeugnisanspruch gem. § 109 GewO vor (i. Erg. ebenso: Schleßmann, S. 20).

Erfüllt der Arbeitgeber seine Pflichten aus dem ASiG durch Beauftragung eines überbetrieblichen Dienstes gemäß § 19 ASiG, wird es in der Regel an einer Eingliederung in den Betrieb fehlen. Ein Zeugnisanspruch der auf diese Weise tätigen Betriebsärzte existiert deshalb nicht.

## 16. Zivile Beschäftigte bei den Stationierungsstreitkräften

Diese haben nach § 48 des Tarifvertrages für die Arbeitnehmer bei den Stationierungsstreitkräften im Gebiet der Bundesrepublik Deutschland vom 16.12.1966 (TVAL II) bei Kündigung Anspruch auf eine Bescheinigung über Art und Dauer der Beschäftigung. Beim Ausscheiden hat der Arbeitnehmer Anspruch auf unverzügliche Ausstellung eines Zeugnisses; er ist berechtigt, auch während des Beschäftigungsverhältnisses ein Zwischenzeugnis zu verlangen.

## 17. Übrige Beschäftigte

Bei allen übrigen Beschäftigten der freien Wirtschaft, die nicht von der vorstehenden Darstellung mitumfasst werden, ist verallgemeinernd folgendes festzustellen: Die Frage nach der Zeugnisberechtigung richtet sich nach dem jeweils zugrundeliegenden Rechtsverhältnis bzw. dessen tatsächlicher Durchführung. Ergibt die Wertung aller Umstände des Einzelfalles – unter Berücksichtigung der BAG-Rechtsprechung (vgl. hierzu die Nachweise oben S. 18) –, dass ein Arbeitsverhältnis oder zumindest arbeitnehmerähnliches Rechtsverhältnis vorliegt, ist auch der Anspruch auf Zeugniserteilung entweder gem. § 109 GewO oder gem. § 630 BGB zu bejahen. Dies folgt aus der Fürsorgepflicht des Arbeit- bzw. Auftraggebers etc. einerseits sowie dem aus sozialen Gesichtspunkten umfassend bestehenden Zeugnisanspruch andererseits.

### 18. Transsexuelle

Aufgrund der nachvertraglichen Fürsorgepflicht hat eine transsexuelle Person Anspruch auf Neuerteilung eines Zeugnisses mit geändertem Vornamen bzw. mit geändertem Geschlecht. Hierbei kann sich ein früherer Arbeitgeber selbst dann, wenn die Personalakte der transsexuellen Person bereits vernichtet sein sollte, nicht auf Verwirkung berufen, da das ursprüngliche Zeugnis zurückzugeben ist und es – ohne inhaltliche Prüfung – lediglich hinsichtlich des geänderten Namens und des geänderten Geschlechts und den sich hieraus ergebenden grammatikalischen und orthografischen Änderungen „umzuschreiben" ist (vgl. LAG Hamm LAGE Nr. 31 zu § 630 BGB = NZA-RR 1999, 455 = DB 1999, 1610).

## V. Beschäftigte im öffentlichen Dienst

### 1. Beamte

Das Zeugnisrecht der Beamten ist öffentliches Recht und ergibt sich aus § 85 Bundesbeamtengesetz (BBG) bzw. den einschlägigen Beamtengesetzen der Bundesländer. Das Arbeitszeugnis der Beamten wird Dienstzeugnis genannt.

§ 85 BBG gibt nach Beendigung des Beamtenverhältnisses auf Antrag einen Anspruch auf ein Dienstzeugnis über Art und Dauer der bekleideten Ämter, welches sich auf Verlangen auch auf die ausgeübte Tätigkeit und Leistung zu erstrecken hat. Nach Art. 72 des

Bayerischen Beamtengesetzes ist auf Verlangen des Beamten zusätzlich auch dessen Führung im Zeugnis zu beurteilen.

Für das Dienstzeugnis der Beamten gelten dieselben Grundsätze wie für das Arbeitszeugnis, allerdings mit folgender Besonderheit: Der Beamte kann seine Zeugnisansprüche nicht vor den Arbeitsgerichten (siehe unten S. 127) geltend machen, sondern muss hierfür den Verwaltungsrechtsweg nach vorangegangenem Widerspruchsverfahren beschreiten (§ 126 BRRG).

## 2. Referendare

Zu erwähnen sind noch **Beamte auf Widerruf,** z. B. Rechtsreferendare im Vorbereitungsdienst (vgl. BVerwG NJW 1961, 1131): Sie werden nach Ablegen des 1. Juristischen Staatsexamens bei Gerichten, Staatsanwaltschaften, Verwaltungsbehörden, Rechtsanwälten etc. zur Vorbereitung auf das Assessorexamen ausgebildet und erhalten nach Abschluss eines jeden Abschnitts ein sog. Stationszeugnis. In diesem ist Zeitraum, Gebiet und Ergebnis der jeweiligen Ausbildung zu bescheinigen. Die Rechtsprechung zur wohlwollenden Zeugniserteilung soll keine Anwendung finden (vgl. VGH Kassel NJW 2008, 1608).

## 3. Beurteilungsrichtlinien

Erwähnenswert ist noch, dass nach den Beamtengesetzen der Bundesländer in Verbindung mit den jeweiligen Laufbahnverordnungen die Beamten und Richter regelmäßig, d. h. periodisch beurteilt werden. Diese **Beurteilungen** sind z. B. nach den §§ 48 ff. der Bayerischen Laufbahnverordnung (BayLbV) mindestens alle vier Jahre vorzunehmen. Sie haben eine Beschreibung der im Beurteilungszeitraum wahrgenommenen Aufgaben, der fachlichen Leistung des Beurteilten in Bezug auf sein Amt (= Arbeitserfolg, praktische Arbeitsweise, Eignung nach den geistigen Anlagen und dem körperlichen Leistungsvermögen) und der Befähigung (= berufliche Fachkenntnisse und sonstiges fachliches Können) zu enthalten; abzuschließen sind sie mit einer Äußerung zu den dienstlichen Aufgaben, für welche der Beamte in Betracht kommt, zu seiner Aufstiegseignung sowie einem Gesamturteil von „hervorragend" bis „entspricht nicht den Anforderungen" (§ 52 BayLbV). Hierbei muss nach Ansicht des BayVGH „das Gesamturteil nicht das arithmetische Mittel der Einzelbewertungen" darstellen (BayVGH Beschl. v. 18.10.1999 – 3 ZB 99.2471). Nach § 54 BayLbV ist die dienstliche Beurteilung dem Beamten zu eröffnen und mit ihm zu besprechen; Einwendungen des Beamten sind der vorgesetzten Dienstbehörde mit der Beurteilung vorzulegen, die diese abändern kann. Die Beurteilung ist mit einem Vermerk über ihre Eröffnung zu den Personalakten zu nehmen.

Vorstehendes gilt für Beamte und entsprechend auch für Richter, nicht aber für Beamte auf Widerruf im Vorbereitungsdienst (siehe oben) und Beamte während der Probezeit (§ 49 BayLbV).

Die nähere Ausgestaltung der dienstlichen Beurteilung ist abgedruckt im KWMBl I Nr. 7/2000, S. 96 ff. Mit der Ausführlichkeit von neun DIN-A-4 Seiten werden dort die sogenannten **materiellen Beurteilungsrichtlinien** festgeschrieben und für die Beamten des gehobenen, des höheren, des mittleren und des einfachen Dienstes die Verwendung jeweils verschiedener Formblätter vorgeschlagen. Die Darstellung erinnert stark an die Deutsche Industrie Norm (DIN) Nr. 33 430 vom Juni 2002, in der auf 24 Seiten die „Anforderungen an Verfahren und deren Einsatz bei berufsbezogenen Eignungsbeurteilungen" festgelegt sind.

Diese dienstlichen Beurteilungen lassen den Anspruch auf Erteilung von Dienstzeugnissen nach den einschlägigen, beamtenrechtlichen Vorschriften aber unberührt.

## 4. Angestellte und Arbeiter

Die Arbeitsverhältnisse der **Angestellten und Arbeiter im öffentlichen Dienst,** d. h. bei Bund, Ländern und kommunalen Arbeitgebern sowie Körperschaften des öffentlichen Rechts (Ärztekammern etc.) sind privatrechtlicher Natur und richten sich ebenso wie bei den Arbeitnehmern der freien Wirtschaft grundsätzlich nach den allgemeinen arbeitsrechtlichen Vorschriften, z. B. §§ 611 ff. BGB, den Bestimmungen des TVG, des ArbZG, der Gewerbeordnung (GewO) etc. (vgl. Beck-Texte im dtv, Arbeitsgesetze, Nr. 5006).

Der Zeugnisanspruch der Arbeitnehmer im öffentlichen Dienst ist zumeist in einschlägigen Tarifverträgen geregelt. Für den zahlenmäßig größten Teil der öffentlichen Arbeitnehmer lautet die Vorschrift des § 35 TVöD:

> (1) Bei Beendigung des Arbeitsverhältnisses haben die Beschäftigten Anspruch auf ein schriftliches Zeugnis über Art und Dauer ihrer Tätigkeit, das sich auch auf Führung und Leistung erstrecken muss (Endzeugnis).
> (2) Aus triftigen Gründen können Beschäftigte auch während des Arbeitsverhältnisses ein Zeugnis verlangen (Zwischenzeugnis).
> (3) Bei bevorstehender Beendigung des Arbeitsverhältnisses können die Beschäftigten ein Zeugnis über Art und Dauer ihrer Tätigkeit verlangen (vorläufiges Zeugnis).
> (4) Die Zeugnisse gemäß den Absätzen 1 bis 3 sind unverzüglich auszustellen.

In diesem Zusammenhang ist eine weitverbreitete Fehlvorstellung zur **Geltung des TVöD** – und damit auch zum Anwendungsbereich des § 35 – auszuräumen: Der TVöD ist als Tarifvertrag nicht gemäß § 5 TVG für allgemeinverbindlich erklärt worden. Er gilt daher nur dann, wenn Arbeitnehmer und Arbeitgeber Mitglieder der den TVöD abschließenden Tarifvertragsparteien – z. B. von ver.di – sind (§ 3 TVG) bzw. die Parteien des Arbeitsvertrages die Geltung des TVöD für das konkrete Einzelarbeitsverhältnis vereinbart haben; letzteres ist allerdings bei der Mehrzahl der Angestellten des öffentlichen Dienstes der Fall.

## 5. Soldaten und Zivildienstleistende

Der Zeugnisanspruch von Soldaten und Zivildienstleistenden richtet sich nach § 32 Zivildienstgesetz (ZDG). Hinzuweisen ist hier lediglich darauf, dass Soldaten mindestens vier Wochen, Zivildienstleistende zumindest drei Wochen tatsächlich ihren Dienst verrichtet haben müssen. Wegen der weiteren Einzelheiten wird auf die einschlägige Kommentarliteratur verwiesen.

# VI. Verpflichteter Personenkreis

## 1. Der Arbeitgeber im Allgemeinen

Zur Erteilung des Arbeitszeugnisses ist der **Arbeitgeber** verpflichtet. Er kann jedoch einen bei ihm beschäftigten Vertreter zur Erfüllung dieser Pflicht einschalten. Dieser muss in jedem Fall ranghöher sein als der Arbeitnehmer, dessen Zeugnis auszustellen ist. Die Beurteilung durch einen gleichrangigen Arbeitnehmer wäre als Geringschätzung unzulässig (ErfK/*Müller-Glöge* § 109 GewO Rn. 10a). Regelmäßig werden die gesetzlichen Vertreter juristischer Personen, Personalleiter (so: LAG Frankfurt ARST 1993, 140) Personalabteilungsleiter, Betriebsleiter oder Meister hiermit beauftragt. Der höhere Rang dieser Personen muss im Zeugnis erkennbar sein, etwa durch Anfügen der Funktionsbezeichnung. Bei Unterstellung des Arbeitnehmers mit Prokura direkt unter der Geschäftsleitung ist das Zeugnis zumindest von einem Geschäftsführer mit zu unterzeichnen (vgl. BAG AP Nr. 27 zu § 630 BGB). Der als Erfüllungsgehilfe im Sinne des § 278 BGB tätige Vertreter fertigt das Arbeitszeugnis im Namen des Arbeitgebers an. Die Ausstellung durch einen mit der Interessenwahrnehmung beauftragten Rechtsanwalt ist unzulässig, der Arbeitnehmer kann das von diesem erteilte Zeugnis zurückweisen (vgl. LAG Hamm DB 1966, 1815 und MDR 2000, 590); dasselbe gilt für Steuer- und Unternehmensberater.

Bei **Tod** des Arbeitsgebers geht die Zeugnispflicht auf dessen Erben bzw. Nachfolger über (vgl. BAG DB 1991, 1626). Diese müssen bei einem qualifizierten Zeugnis Erkundigungen über Leistung und Verhalten des Arbeitnehmers ebenso wie zu Art und Dauer von dessen Beschäftigung einholen. Die Erben wird man aber nur dann für verpflichtet halten können, wenn im Betrieb entsprechende Unterlagen vorhanden sind oder andere Arbeitnehmer zur Beurteilung von Leistung und Führung in der Lage sind. Andernfalls hat der Arbeitnehmer zumindest einen Anspruch auf ein einfaches Arbeitszeugnis.

## 2. Öffentlicher Dienst

Im öffentlichen Dienst unterschreibt der Behördenleiter die Dienstzeugnisse oder eine von ihm beauftragte Person, deren Vertretungsmacht gegenüber Dritten erkennbar sein muss (vgl. BAG AP Nr. 32 zu § 630 BGB), z. B. durch die Kürzel „i. V.", „i. A." o. ä. (vgl. LAG Düsseldorf DB 1969, 534).

Die Zeugnisse für die bei den Stationierungsstreitkräften beschäftigten zivilen Arbeitnehmer sind von den durch die Streitkräfte bestimmten Dienststellen zu erteilen. Zeugnisrechtliche Ansprüche sind geltend zu machen vor den Arbeitsgerichten (siehe unten S. 128 f.); der Rechtsstreit wird auf der Beklagtenseite von der Bundesrepublik Deutschland als Prozessstandschafter geführt (BAG NZA 1987, 384 = DB 1986, 1340).

## 3. In der Insolvenz

Im Falle einer Insolvenz des Arbeitgebers und Fortsetzung des Arbeitsverhältnisses durch den Insolvenzverwalter hatte der Arbeitnehmer nach früher vorherrschender Meinung einen zweigeteilten Zeugnisanspruch: vom Arbeitgeber konnte er ein Arbeitszeugnis für die Zeit vor und vom Insolvenzverwalter ein solches für den Zeitraum nach Insolvenzeröffnung verlangen (vgl. LAG Baden-Württemberg KTS 1979, 317). Dem gegenüber bejaht das BAG (AP Nr. 18 zu § 630 BGB = NZA 1991, 599 = DB 1991, 1626 = NJW 1991, 1971) zurecht einen einheitlichen Zeugnisanspruch gegen den Insolvenzverwalter: dieser hat auch für die Zeit vor Insolvenzeröffnung ein qualifiziertes Zeugnis auszustellen, wenn er den Betrieb fortführt, und zwar unabhängig von der jeweiligen Dauer des Arbeitsverhältnisses in der Insolvenz (ebenso: LAG Köln LAGE Nr. 4 zu § 55 InsO = NZA-RR 2002, 181 = DB 2002, 433). Die erforderlichen Kenntnisse muss sich der Insolvenzverwalter aus den Personalakten bzw. durch Befragen von Vorgesetzten des Arbeitnehmers beschaffen. Er soll auf die fehlende eigene Sachkunde bzw. die Beurteilung durch den Arbeitgeber für die Zeit vor der Insolvenz im

Zeugnis hinweisen dürfen (BAG aaO.). Gemäß § 97 InsO steht dem Insolvenzverwalter ein umfassender Auskunftsanspruch gegenüber dem Gemeinschuldner zur Verfügung (vgl. BAG AP Nr. 29 zu § 630 BGB = NZA 2004, 1392 = BB 2004, 2526).

### 4. Bei Betriebsübergang nach § 613a BGB

Bei einem Betriebsübergang gemäß § 613 a BGB tritt der Erwerber in die Rechte und Pflichten aus den im Zeitpunkt des Übergangs bestehenden Arbeitsverhältnissen ein. Werden diese mit dem neuen Inhaber fortgesetzt, richtet sich der Zeugnisanspruch des Arbeitnehmers ab diesem Zeitpunkt gegen seinen nunmehrigen Arbeitgeber. Dieser muss sich bei einer später erfolgenden Erteilung eines Endzeugnisses – ähnlich wie ein den Betrieb fortführender Insolvenzverwalter – die erforderlichen Kenntnisse vom Betriebsveräußerer verschaffen (vgl. BAG AP Nr. 33 zu § 630 BGB). In einem solchen Fall ist aber für alle Arbeitnehmer ein berechtigter Anlass gegeben, vom alten Arbeitgeber ein Zwischenzeugnis zu verlangen. Endet das Arbeitsverhältnis später nach Fortsetzung mit dem Betriebserwerber, so ist dieser regelmäßig an ein vom Betriebsveräußerer erteiltes Zwischenzeugnis gebunden (BAG aaO.).

## VII. Zeitpunkt der Zeugniserteilung

### 1. Im Allgemeinen

Der Anspruch auf Zeugniserteilung entsteht nach dem Wortlaut der einschlägigen Vorschriften erst **„bei Beendigung“** des Arbeits-, Dienst- bzw. Berufsausbildungsverhältnisses (§ 109 GewO, § 630 BGB, § 8 BBiG).

### 2. Bei Kündigung

Da das Arbeitszeugnis wichtigste Bewerbungsunterlage des Arbeitnehmers ist, geht die ganz einhellige Meinung davon aus, dass der Arbeitgeber bereits **bei tatsächlicher Beendigung** des Arbeitsverhältnisses zur Ausstellung eines endgültigen Zeugnisses verpflichtet ist. Das bedeutet, dass der Arbeitnehmer nicht erst das rechtliche Ende des Arbeitsverhältnisses – etwa den Ablauf der Kündigungsfrist – abwarten muss. Diese kann gem. § 622 Abs. 2 BGB (bis zu 7 Monaten zum Monatsende) oder einschlägigen Tarifverträgen auf Grund Alters- und langer Betriebszugehörigkeit zugunsten des Arbeitnehmers sehr lang sein. Müsste der Arbeitnehmer hier abwarten, könnte er sich während der Restlaufzeit seines Arbeitsverhältnisses nicht anderweitig bewerben, um eine lückenlose Beschäftigung sicherzustellen. Der Zeugnisanspruch entsteht bei Ausspruch einer ordentlichen Kündigung seitens des Arbeitgebers oder des Arbeitnehmers – sei sie begründet oder unbegründet – daher sofort mit deren Zugang. Wird die Kündigung bereits vor Beginn der gesetzlichen oder vereinbarten Kündigungsfrist ausgesprochen, soll der Zeugnisanspruch erst mit deren Beginn entstehen (Schaub/*Linck* ArbR-Hdb. § 147 Rn. 7). Dies überzeugt jedoch nicht: Zum einen kann ja gerade über Länge und damit Dauer der auf Grund Gesetz, Tarifvertrag oder Einzelvertrag geltenden Kündigungsfrist Streit zwischen den Arbeitsvertragspartnern bestehen bzw. entstehen; der Arbeitgeber hätte es hier in der Hand, den nach seiner Ansicht zutreffenden Zeitpunkt zu bestimmen, in welchem der Zeugnisanspruch des Arbeitnehmers entsteht. Zum anderen versagt diese Überlegung bei befristeten Arbeitsverhältnissen, die ja gerade ohne Ausspruch einer Kündigung, d. h. allein durch Zeitablauf, enden. Der Zeugnisanspruch entsteht daher in jedem Fall einheitlich mit **Zugang der Kündigung** (vgl. insbesondere BAG AP BAT § 70 Nr. 10). Nach Auffassung des BAG (vgl. aaO) entsteht zwar der Zeugnisanspruch bei „Beendigung" des Arbeitszeugnisses und wird auch gleichzeitig fällig. Der Arbeitgeber kann den Anspruch aber nur erfüllen, wenn der Arbeitnehmer sein Wahlrecht, ob er ein einfaches oder qualifiziertes Zeugnis will, ausgeübt hat. Ohne dieses Verlangen fehlt dem Arbeitnehmer für eine klageweise Geltendmachung des Zeugnisanspruches das Rechtsschutzbedürfnis (LAG Köln NZA-RR 2013, 493). Bei befristeten oder auflösend bedingten Arbeitsverhältnissen (z. B. Ende mit Erreichen des 65. Lebensjahres) entsteht nach richtiger Ansicht der Zeugnisanspruch angemessene Zeit vor deren Ende d. h. einheitlich ca. drei Monate vorher. Eine

Differenzierung je nach Länge des befristeten Arbeitsverhältnisses bedeutet inhaltlich eine Angleichung an „normale", d. h.: Ordentlich kündbare Arbeitsverträge. Dies ist jedoch nicht gerechtfertigt, da die Situation des Arbeitnehmers, der sich aus einem auf 6 Monate befristeten Arbeitsverhältnis heraus bewirbt, derjenigen bei Bewerbung aus einem auf 3 Jahre befristet abgeschlossenen Arbeitsverhältnis gleichzusetzen ist.

## 3. Bei Freistellung nach Kündigung

Bei Ausspruch einer fristlosen, **außerordentlichen Kündigung** ist selbstverständlich – auf entsprechendes Verlangen des Arbeitnehmers – sofort ein endgültiges Arbeitszeugnis zu erteilen. Ebenso gilt: Wird der Arbeitnehmer während des Laufs einer ordentlichen Kündigungsfrist oder der Dauer eines Kündigungsschutzprozesses vom Arbeitgeber **freigestellt,** d. h. nicht beschäftigt, so hat er mit tatsächlichem Ausscheiden in jedem Fall Anspruch auf Erteilung eines endgültigen Zeugnisses. Ergibt sich auf Grund des Prozesses ein anderes Beendigungsdatum, hat der Arbeitgeber dem Arbeitnehmer ein neues Zeugnis mit zutreffendem Datum gegen Rückgabe des alten Zeugnisses zu erteilen (vgl. BAG AP Nr. 16 zu § 630 NZA 1987, 628 = DB 1987, 1845 = BB 1987, 1816; a. A. LAG Hamm NZA-RR 2007, 486, das ein Wahlrecht zwischen End- und Zwischenzeugnis annimmt).

Gewinnt der Arbeitnehmer den Kündigungsprozess, d. h. wird das Fortbestehen des Arbeitsverhältnisses festgestellt, muss der Arbeitnehmer das bereits erhaltene Zeugnis nicht zurückgeben; hieran ändert sich auch nichts dadurch, dass der Anlass für die Erteilung – Bewerbung um einen anderen Arbeitsplatz – weggefallen ist. Dass der Arbeitnehmer nicht vorzulegen braucht, die er zwischenzeitlich erhalten hat (so ausdrücklich BAG DB 1981, 2496), ist selbstverständlich, da für ein hierauf gerichtetes Auskunfts- oder Herausgabeverlangen des Arbeitgebers keine Rechtsgrundlage und auch kein Bedürfnis besteht.

In diesem Zusammenhang zeigt sich der Vorteil der hier vertretenen Ansicht, dass der Arbeitnehmer sofort nach Zugang einer Kündigung Anspruch auf Zeugniserteilung hat. Erhebt er nämlich Kündigungsschutzklage und wird er während des Prozesses nicht beschäftigt, schuldet der Arbeitgeber wegen Annahmeverzugs trotzdem die vertragsgemäße Vergütung. Der Arbeitnehmer muss sich aber unter den Voraussetzungen von § 615 BGB das anrechnen lassen, was er anderweitig verdient oder böswillig zu verdienen unterlässt. Erteilt der Arbeitgeber nun nicht rechtzeitig das – geforderte – Arbeitszeugnis, ist der Arbeitnehmer regelmäßig an der anderweitigen Verwertung seiner Arbeitskraft gehindert, da er sich ohne Zeugnis zumeist gar nicht erst bewerben kann: ein böswilliges Unterlassen im Sinne des § 615 BGB ist damit ausgeschlossen!

## 4. Bei Weiterbeschäftigung nach Kündigung

Wird der Arbeitnehmer nach Erhalt einer Kündigung beschäftigt bzw. **weiterbeschäftigt,** so steht ihm ebenfalls der Zeugnisanspruch sofort zu. Er kann in diesem Fall jedoch kein endgültiges, sondern nur ein vorläufiges Arbeitszeugnis verlangen. Dies ist kein Zwischenzeugnis (hierzu siehe unten S. 30), da es in Zusammenhang mit der bevorstehenden Beendigung des Arbeitsverhältnisses steht (so z. B. § 35 Abs. 3 TVöD). Diese Handhabung ist auf Grund folgender Überlegung gerechtfertigt: Im Falle der Beschäftigung hat der Arbeitnehmer während der Kündigungsfrist seine Arbeitsleistung zu erbringen, können sich eventuell noch Gesichtspunkte ergeben, die ein Abweichen des schließlich zu erteilenden Endzeugnisses von dem vorläufigen Zeugnis rechtfertigen. Dies wird jedoch nur ausnahmsweise der Fall sein; der Arbeitgeber ist – ähnlich wie beim Zwischenzeugnis – nicht verpflichtet, die Formulierungen des vorläufigen im endgültigen Zeugnis zu verwenden. Hat der Arbeitgeber den Arbeitnehmer – unter Fortzahlung seiner vertragsgemäßen Vergütung – von der Erbringung seiner Arbeitsleistung freigestellt und diesem ein Endzeugnis erteilt, kann sich an dessen Beurteilung nichts mehr ändern. Lediglich das Beendigungsdatum – von der Beendigungsart einmal abgesehen – kann nachträglich zu ändern sein (siehe oben S. 28). Eine Rückgabepflicht besteht für den Arbeitnehmer nur, wenn ein zuvor bereits endgültig ausgestelltes Zeugnis – z. B. nach einem Kündigungsschutzprozess – vom Arbeitgeber neu zu erteilen ist. Der Arbeitnehmer kann nämlich nur die einmalige Erfüllung seines Zeugnisanspruchs verlangen (zur Ersatzausstellung siehe unten S. 45). Wurde hingegen lediglich ein vorläufiges Zeugnis erteilt, muss dieses vom Arbeitnehmer bei Erhalt des Endzeugnisses nicht an den Arbeitgeber zurückgegeben werden. Eine doppelte Erfüllung tritt nicht ein, da vorläufiges und endgültiges Zeugnis rechtlich sog. alia sind, d. h. verschiedenartige Leistungen des Arbeitgebers darstellen. Die seinerzeit in § 61 Abs. 1 BAT fixierte gegenteilige Pflicht des Angestellten im öffentlichen Dienst, das vorläufige Zeugnis gegen das Endzeugnis umzutauschen, ist in § 35 TVöD nicht mehr enthalten.

## 5. Beim Zwischenzeugnis

Während die Verpflichtung des Arbeitgebers zur Endzeugniserteilung vielfach normiert ist (siehe oben S. 9), fehlt eine Gesetzesvorschrift, die den Anspruch des Arbeitnehmers auf ein Zwischenzeugnis regelt. Zwar legen einerseits viele Tarifverträge wie beispielsweise § 35 Abs. 2 TVöD fest, dass „aus triftigen Gründen auch während des Arbeitsverhältnisses" ein Zeugnis verlangt werden kann; auch wird in vielen Sozialplänen, die aus Anlass von Betriebsänderungen im Sinne der §§ 111 ff. BetrVG geschlossen werden, ein Anspruch betroffener Arbeitnehmer auf Erteilung von Zwischenzeugnissen festgelegt.

Andererseits besteht darüber hinaus jedoch weitgehend Unklarheit, wann ansonsten ein Zwischenzeugnis gefordert werden kann (umfassend: Weuster AiB 1994, 280).

In folgenden, quasi **klassischen Fällen** wird allgemein der Anspruch auf ein Zwischenzeugnis bejaht:

- wenn der Arbeitgeber eine demnächst erfolgende Kündigung in Aussicht stellt oder die Beendigung des Arbeitsverhältnisses auch im Interesse des Arbeitnehmers liegt, folgt dessen Anspruch auf ein Zwischenzeugnis aus der Bedeutung dieses Arbeitspapiers für Bewerbungen und aus der Fürsorgepflicht des Arbeitgebers,
- bei Ablauf der Probezeit,

- wenn der Arbeitnehmer (auch betriebsinterne) Fortbildungskurse oder Fach- bzw. Hochschulen besuchen will und hierfür ein Zeugnis erforderlich ist,
- wenn eine Versetzung des Arbeitnehmers innerhalb des Unternehmens oder Konzerns erfolgt bzw. bevorsteht,
- wenn der Vorgesetzte des Arbeitnehmers wechselt bzw. ausscheidet (vgl. BAG AP Nr. 2 zu § 61 BAT = NZA 1999, 894 = DB 1999, 1120 = BB 1999, 903 = AiB 2000, 54),
- wenn das Unternehmensgefüge sich ändert, etwa bei der Umwandlung einer Personen- in eine Kapitalgesellschaft, bei Fusionen u. ä.,
- bei Stellung eines Kreditantrages (vgl. ArbG Koblenz Urt. v. 11.5. 1988 – 4 Ca 399/88).

Außer in den vorgenannten Fällen, in denen allgemein der Anspruch auf ein Zwischenzeugnis bejaht wird (vgl. statt aller: BeckOK ArbR/*Tillmanns* § 109 GewO Rn. 24 f.), kann es auch bei Einberufung zum **Wehrdienst** gefordert werden. Gemäß § 1 Abs. 1 ArbPlSchG ruht das Arbeitsverhältnis während des Wehrdienstes bzw. einer Wehrübung; nach § 6 Abs. 1 ArbPlSchG darf dem Arbeitnehmer durch seine Betriebsabwesenheit kein Nachteil entstehen. Da der Wehrdienst aber eine erhebliche Unterbrechung in der beruflichen Entwicklung darstellt, ist ein berechtigter Anlass für das Verlangen eines Zwischenzeugnisses gegeben. Dies gilt entsprechend natürlich auch für den Zivildienst, nicht jedoch bei Wehr- bzw. Eignungsübungen wegen derer kürzeren Dauer.

Auch die **Inanspruchnahme der Elternzeit** gemäß den §§ 15 ff. BEEG stellt einen berechtigten Anlass für ein Zwischenzeugnis dar; dies folgt m. E. aus der arbeitgeberseitigen Fürsorgepflicht.

Ebenso ist bei der **Übernahme eines politischen Mandats** der Anspruch auf ein Zwischenzeugnis zu bejahen, der auch aus der Fürsorgepflicht des Arbeitgebers abzuleiten ist.

Ein triftiger Grund für ein Zwischenzeugnis liegt iSd. § 35 Abs. 2 TVöD (vormals: § 61 BAT) nicht vor, wenn der Angestellte das Zeugnis lediglich in einem Höhergruppierungsprozess als Beweismittel verwenden will (BAG AP Nr. 1 zu § 61 BAT NZA 1993, 1031 = DB 1993, 2134 = BB 1993, 2309).

## 6. Bei Geltung des BetrVG

Schließlich besteht der Anspruch auf ein Zwischenzeugnis auch dann, wenn im Betrieb das **Betriebsverfassungsgesetz** zur Anwendung kommt. Die hierzu von Schleßmann BB 1988, 1320 ff. vertretene Auffassung muss abgelehnt werden. Der Zeugnisanspruch und der Anspruch des Arbeitnehmers auf Erörterung seiner Leistungsbeurteilung sowie seiner Möglichkeiten der beruflichen Entwicklung im Betrieb gemäß § 82 Abs. 2 BetrVG sind völlig verschieden. § 82 Abs. 2 BetrVG ermöglicht dem Arbeitnehmer „Fehlbeurteilungen entgegenzutreten und die eigenen beruflichen Entscheidungen . . . an der Bewertung seiner Leistungen und den betrieblichen Aufstiegschancen zu orientieren“ (vgl. Fitting, BetrVG § 82 Rn. 1). Der Arbeitnehmer hat hier auch keinen Anspruch auf Aushändigung einer schriftlichen Leistungsbeurteilung; er kann sie lediglich in der Personalakte einsehen und hierzu Stellung nehmen; vgl. § 83 BetrVG (zur Stellung von Betriebsräten in diesem Zusammenhang, vgl. siehe Weuster AiB 1990, 154).

Die Bewerbung aus einem bestehenden Arbeitsverhältnis heraus – und sei es nur, um den eigenen „Marktwert“ zu testen – ist mit einer mündlichen, nach § 82 Abs. 2 BetrVG erörterten Leistungsbeurteilung nicht möglich. Der Anspruch auf ein Zwischenzeugnis bleibt also unberührt.

## 7. Verhältnis von Zwischenzeugnis zu späterem Endzeugnis

Hat der Arbeitnehmer ein Zwischenzeugnis erhalten und verlangt er später ein endgültiges Zeugnis, so hat das Zwischenzeugnis starke „Indizwirkung“ für das Endzeugnis (so LAG München Urt. v. 16.12. 1987 – 7 Sa 832/87); es tritt eine „gewisse Selbstbindung des Arbeitgebers“ ein (vgl. LAG Hamm Urt. v. 28.8.1997 – 4 Sa 1926/96). Der Arbeitgeber muss triftige Gründe für Abweichungen beweisen (LAG

Frankfurt Urt. v. 16.1.1981 – 6 Sa 876/80). Bei einem qualifizierten Zeugnis nach rund acht- bzw. fünfjähriger Dauer des Arbeitsverhältnisses ist der Arbeitgeber in aller Regel an einer Leistungsbeurteilung (Zeugnisnote) festzuhalten, die noch in einem 4 bzw. 10 Monate zuvor erteilten Zwischenzeugnis „stets zur vollen Zufriedenheit" gelautet hat (LAG Köln LAGE Nr. 18 und Nr. 30 zu § 630 BGB = NZA 1999, 771). In diesem Sinne entschied auch das ArbG München durch Urteil vom 24.2.1999 – 27 Ca 10 770/98, dass ein Arbeitgeber bei einem gut sechsjährigen Bestand des Arbeitsverhältnisses bei der Erteilung des Endzeugnisses an die Formulierungen eines knapp 14 Monate zuvor ausgestellten Zwischenzeugnisses gebunden ist.

**Zusammenfassend** ist also festzustellen, dass der Arbeitnehmer, allgemein **schon bei berechtigtem Interesse** ein Zwischenzeugnis fordern kann und der Arbeitgeber zur Erteilung verpflichtet ist. Das berechtigte Interesse sind nicht rechtliche Interessen, sondern tatsächliche Gründe; an diese sind im Zweifel zugunsten des Arbeitnehmers keine zu hohen Anforderungen zu stellen (vgl. umfassend hierzu: Weuster AiB 1994, 280). Andererseits findet eine natürliche Regulierung insofern statt, als kein vernünftiger Arbeitnehmer in einem bestehenden Arbeitsverhältnis laufend die Erteilung von Zeugnissen verlangen wird. Das Schreiben von Bewerbungen und Anfordern von Zwischenzeugnissen – gerade, um z. B. nur den Stellenmarkt zu testen – bedeutet für sich allein hingegen keineswegs, dass der Arbeitnehmer Abkehrwillen haben muss.

Die **Darlegungs- und Beweislast** für das Vorliegen eines Grundes zur Anforderung eines Zwischenzeugnisses trägt der Arbeitnehmer, der Arbeitgeber demgegenüber für Abweichungen im End- vom Zwischenzeugnis. Grundsätzlich ist der Arbeitgeber aber an ein Zwischenzeugnis bei der Erteilung des Endzeugnisses gebunden (vgl. BAG AP Nr. 33 zu § 630 BGB).

# VIII. Verjährung und Verwirkung, Verfall und Verzicht

## 1. Verjährung

Der Anspruch auf Zeugniserteilung **verjährt** gemäß § 195 BGB **in 3 Jahren.** Theoretisch kann ihn der Arbeitnehmer also bis zum Ende dieser Zeitspanne geltend machen; hierzu wird es jedoch regelmäßig nicht kommen. Der Zeugnisanspruch unterliegt nämlich wie jeder andere schuldrechtliche Anspruch der allgemeinen **Verwirkung**, d. h. der noch nicht verjährte Anspruch kann schon zuvor nicht mehr geltend gemacht werden. Nach einem Urteil des BAG (vgl. AP Nr. 17 zu § 630 BGB = NZA 1988, 427 = DB 1988, 1071 = BB 1989, 978 = NJW 1988, 1616) ist ein Anspruch dann verwirkt, wenn der Gläubiger (= Anspruchsinhaber) sein Recht über längere Zeit hinweg nicht ausgeübt und dadurch beim Schuldner (= Anspruchsgegner) den Eindruck erweckt hat, dass der Anspruch nicht mehr geltend gemacht werde. Darüber hinaus muss sich der Schuldner darauf eingerichtet haben und schließlich darf ihm die Erfüllung des Anspruchs nach Treu und Glauben (§ 242 BGB) unter Berücksichtigung aller Umstände des Einzelfalles nicht mehr zuzumuten sein (BAG aaO.).

## 2. Verwirkung nach der Rechtsprechung des BAG

Die Verwirkung ist wegen der langen Verjährungsfrist (zu tariflichen Verfallsfristen siehe unten S. 36) im Zeugnisrecht von besonderer Bedeutung und wird, da sie ein häufiger Einwand des Arbeitgebers gegen Zeugnisansprüche ist, im Folgenden ausführlich erörtert.

Sie hat zwei Bestandteile: Das **Zeitmoment** und das **Umstandsmoment.** Das Zeitmoment ist dann erfüllt, wenn der Arbeitnehmer seinen Anspruch auf Zeugniserteilung längere Zeit nicht geltend gemacht hat. Starre Zeitgrenzen oder Fristen bestehen hier nicht. Das BAG hat im genannten Urteil entschieden, dass eine Untätigkeit des Arbeitnehmers für die Zeit von zehn Monaten ausreicht, um das

Zeitmoment zu erfüllen (BAG aaO.; nach Ansicht des LAG Köln NZA-RR 2001, 130 ist dies grundsätzlich nach 12 Monaten der Fall; ähnlich: LAG Hamm NZA-RR 2003, 73, das einen Untätigkeitszeitraum von 15 Monaten für ausreichend hält).

In einem anderen Urteil stellte das BAG fest, dass der Ablauf von 5 Monaten (vgl. BAG AP Nr. 8 zu § 630 BGB = DB 1973, 238 = BB 1973, 195) das Zeitmoment der Verwirkung erfüllen kann. Ist dieses erste Merkmal gegeben, ist Verwirkung dennoch erst festzustellen, wenn auch das zweite, das Umstandsmoment, erfüllt ist: Das bedeutet, dass selbst dann, wenn der Anspruch auf Zeugniserteilung lange Zeit nicht geltend gemacht wurde, der Arbeitgeber noch nicht sicher sein kann, nicht mehr in Anspruch genommen zu werden. Der Arbeitnehmer muss vielmehr zusätzlich zum Verstreichenlassen einer längeren Zeitspanne beim Arbeitgeber den Eindruck erweckt haben, dass er kein Zeugnis mehr wolle. Dieser Eindruck entsteht insbesondere dann, wenn der Arbeitnehmer zunächst entschieden auf seinem Zeugnis gegenüber dem Arbeitgeber bestanden hat (z. B. durch häufiges, energisches „Nachhaken", Setzen von Fristen etc.), später jedoch nichts mehr von sich hören lässt. Im vom BAG (AP Nr. 17 zu § 630 BGB) entschiedenen Fall hatte der dortige Arbeitnehmer zunächst während der Dauer von elf Monaten seinen Arbeitgeber dreimal zur Zeugniserteilung aufgefordert, war dann aber zehn Monate lang untätig geblieben, nachdem er kein Zeugnis erhalten hatte. Der dortige Arbeitgeber konnte annehmen, dass die Sache damit ihr Bewenden habe, das Umstandsmoment war erfüllt, der Zeugnisanspruch verwirkt. Das BAG hat in dem zitierten Fall die Verwirkung nach Ablauf der genannten zehn „untätigen" Monate festgestellt; es sah sich durch das sich hier anschließende Verhalten des Arbeitnehmers jedenfalls bestätigt.

Hat der Arbeitnehmer auch das sog. Umstandsmoment erfüllt und sich der Arbeitgeber entsprechend eingerichtet, liegt Verwirkung nach der BAG-Rechtsprechung aber erst dann vor, wenn die Zeugniserteilung dem Arbeitgeber unter Berücksichtigung aller Umstände im konkreten Fall **unzumutbar** ist. Hier ist zwischen dem einfachen und dem qualifizierten Zeugnis zu unterscheiden: Da das einfache Zeugnis nur Angaben zu Art und Dauer der Beschäftigung enthält (siehe unten S. 72 f.), wird auch nach längerer Zeit die Zeugniserteilung auf Grund von Personalunterlagen (Gehaltslisten etc.) ohne weiteres erfolgen können. Da in einem qualifizierten Zeugnis auch Angaben zu Leistung und Verhalten des Arbeitnehmers zu machen sind, wird je nach Stellung im Betrieb und Dauer des Beschäftigungsverhältnisses die Beurteilung mit zunehmendem Zeitablauf immer schwieriger. Dem Arbeitgeber kann daher die Erteilung eines qualifizierten Zeugnisses eher unzumutbar werden als dies beim einfachen Zeugnis der Fall ist (instruktiv aktuell: BAG AP Nr. 33 zu § 630 BGB).

Damit ist festzuhalten: Der Zeugnisanspruch ist alsbald nach seinem Entstehen vom Arbeitnehmer geltend zu machen. Erfolgt keine Reaktion des Arbeitgebers, ist dieser nochmals – unter Fristsetzung mit Klageandrohung – aufzufordern. Ergeht auch hierauf keine Stellungnahme, ist umgehende Klageerhebung (zu den Einzelheiten siehe unten S. 128 f.) erforderlich. Wird dieser „Fahrplan“ eingehalten und vergeht zwischen erstem Anfordern und Klageerhebung nicht mehr als ein halbes Jahr, ist der Eintritt der Verwirkung regelmäßig ausgeschlossen!

Vorstehendes gilt nicht nur für den Fall, dass überhaupt die Erteilung eines Zeugnisses begehrt wird, sondern auch dann, wenn zwar ein Zeugnis erteilt wurde, dieses jedoch nicht zufrieden stellend ausgefallen ist. Auch mit seinem Berichtigungsverlangen macht der Arbeitnehmer nämlich seinen Anspruch auf Erfüllung geltend (siehe unten S. 127).

## 3. Verfallsklauseln in Tarifverträgen

Besonderheiten ergeben sich, wenn auf das Arbeitsverhältnis **Verfall- bzw. Ausschlussfristen** zur Anwendung kommen. Sie sind heute praktisch in jedem Tarifvertrag enthalten, können aber auch im jeweiligen Einzelarbeitsvertrag gesondert vereinbart werden.

## 4. Insbesondere: § 37 TVöD

Die bekannteste Ausschlussfrist, nämlich die des § 37 TVöD (vormals: § 70 BAT) lautet:

> „(1) Ansprüche aus dem Arbeitsverhältnis verfallen, wenn sie nicht innerhalb einer Ausschlussfrist von sechs Monaten nach Fälligkeit von der/dem Beschäftigten oder vom Arbeitgeber schriftlich geltend gemacht werden. Für denselben Sachverhalt reicht die einmalige Geltendmachung des Anspruchs auch für später fällige Leistungen aus.
> (2) Absatz 1 gilt nicht für Leistungen aus einem Sozialplan."

Im Bereich des öffentlichen Dienstes fasst § 37 TVöD die Regelungen zusammen, die sich früher in § 72 MTArb für Arbeiter des Bundes und in § 63 BMT-G II für gemeindliche Arbeiter zur Geltendmachung von Ansprüchen aus dem Arbeitsverhältnis fanden.

Bei vorstehenden Ausschlussfristen handelt es sich um einstufige im Gegensatz zu den zweistufigen Ausschlussfristen; bei letzteren muss innerhalb einer bestimmten Frist nach Ablehnung des Anspruchs durch den Gegner oder Verstreichen eines festgelegten Zeitraums Klage zum Arbeitsgericht erhoben werden (vgl. z. B. § 18 des MTV für die Arbeitnehmer in den bay. Betrieben des Groß- und Außenhandels).

Ob nun der Anspruch auf Zeugniserteilung von einer Ausschlussfrist bzw. Verfallsklausel erfasst wird, lässt sich nicht allgemein beantworten: Es kommt auf den Wortlaut der Vorschrift an. Ist dieser nicht eindeutig, sondern auslegungsbedürftig und auch auslegungsfähig, kann sich ergeben, dass von der Klausel Ansprüche nicht erfasst werden, die erst bei Beendigung des Arbeitsverhältnisses entstehen. Zu der oben zitierten Ausschlussklausel des § 70 BAT (heute gilt § 37 TVöD) hat das BAG entschieden, dass hierunter auch der Anspruch auf Zeugniserteilung und -berichtigung fällt (vgl. BAG AP Nr. 10 zu § 70 BAT = DB 1983, 2041 = BB 1983, 1859).

Diese Ansicht erscheint deshalb bedenklich, da Sinn und Zweck von Ausschluss- bzw. Verfallklauseln die kurzfristige Abwicklung von zumeist finanziellen Ansprüchen, d. h. die Bereinigung des ehemaligen Arbeitsverhältnisses ist (vgl. MüKoBGB/*Henssler* § 630 Rn. 60). Der Zeugnisanspruch ist zwar arbeitsvertraglicher Natur, entsteht jedoch erst mit Beendigung des Arbeitsverhältnisses. Nach Ansicht des ArbG Hamburg (BB 1997, 1212) werden Zeugnisansprüche von tariflichen Ausschlussfristen gar nicht erfasst. Aus

Sicherheitsgründen empfiehlt sich jedoch auch hier das zur Verwirkung bzw. deren Vermeidung Gesagte: Der Anspruch ist baldmöglichst schriftlich und gegebenenfalls gerichtlich geltend zu machen!

## 5. Ausdrückliche Geltendmachung

In diesem Zusammenhang ist darauf hinzuweisen, dass überall dort, wo Ausschlussklauseln eine schriftliche Geltendmachung verlangen, dies ausdrücklich und bestimmt erfolgen muss. Wird Schriftform nicht gefordert, ist schriftliche Geltendmachung aber schon aus Beweisgründen empfehlenswert. Die Erhebung einer Kündigungsschutzklage allein erfüllt nicht die Schriftform und wahrt damit die Ausschlussfrist nicht (vgl. BAG AP Nr. 87 zu § 4 TVG – Ausschlussfristen – = DB 1985, 658 = BB 1985, 590).

Dies ist zwingend logisch, da der Zeugnisanspruch die Beendigung des Arbeitsverhältnisses voraussetzt, welche jedoch mit einer Kündigungsschutzklage gerade bestritten wird. Möglich ist aber wohl die Geltendmachung des Zeugnisanspruchs im Wege der Eventualklage, d. h. hilfsweise und für den Fall, dass im Kündigungsschutzprozess nicht der Fortbestand des Arbeitsverhältnisses festgestellt wird (siehe auch Schleßmann S. 32).

Die Ausschlussfrist – wenn sie Zeugnisansprüche erfasst – beginnt für den Anspruch auf ein endgültiges Zeugnis mit der tatsächlichen Beendigung des Arbeitsverhältnisses, für den Anspruch auf ein vorläufiges Zeugnis mit dem Zugang der Kündigung.

Die Verfallfrist für den Berichtigungs- bzw. genauer: Neuerteilungsanspruch beginnt zu laufen, sobald der Arbeitnehmer das nicht zufrieden stellende Zeugnis erhalten hat (vgl. BAG AP Nr. 10 zu § 70 BAT = DB 1983, 2043 = BB 1983, 1859; ebenso Sächs. LAG AiB 1996, 506).

## 6. Verfallsklausel im Einzelarbeitsvertrag

Verfalls- bzw. Ausschlussklauseln können auch im Einzelarbeitsvertrag vereinbart werden, sind aber anhand von § 310 BGB auf Sittenwidrigkeit zu überprüfen (vgl. BAG AP Nr. 1 zu § 310 BGB = NZA

2005, 1111 = DB 2005, 2136 = NJW 2005, 3305). Die Mindestfrist für die schriftliche und gerichtliche Geltendmachung der Ansprüche beträgt drei Monate (vgl. BAG aaO.). Eine zu kurze Ausschlussfrist fällt ersatzlos weg (vgl. BAG AP Nr. 7 zu § 307 BGB = NZA 2006, 149 = NJW 2006, 795).

## 7. Kein Verzicht während des Arbeitsverhältnisses

Der Anspruch des Arbeitnehmers auf Zeugniserteilung ist **unabdingbar**, d. h. zwingender Natur. Deshalb kann nach einhelliger Meinung auf den Zeugnisanspruch während des Arbeitsverhältnisses nicht verzichtet werden; eine solche Verzichtserklärung im Voraus – der Anspruch entsteht ja erst bei Beendigung des Arbeitsverhältnisses – ist ebenso unwirksam wie der Abschluss eines entsprechenden Erlassvertrages (vgl. statt aller Schaub/*Linck* ArbR-Hdb. § 147 Rn. 14).

## 8. Verzicht nach Beendigung des Arbeitsverhältnisses

Möglich ist jedoch – in engen Grenzen – ein Verzicht auf den Anspruch nach Beendigung des Arbeitsverhältnisses: Zulässig ist der Verzicht, wenn er vom Arbeitnehmer in ausdrücklicher und unmissverständlicher Form erklärt wird und diese Willenserklärung frei von Mängeln (Drohung, Täuschung, vgl. § 123 BGB, oder Irrtum, § 119 BGB) abgegeben wurde. Kein Verzicht auf ein qualifiziertes Zeugnis liegt darin, dass der Arbeitnehmer – zunächst – lediglich ein einfaches Zeugnis fordert: Er kann – in den bereits dargelegten Grenzen der Verwirkung – später die Ausstellung eines qualifizierten Zeugnisses verlangen (zum Übergang von einer Zeugnisart zur anderen siehe unten S. 41 ff.).

## 9. Ausgleichsquittungen

Das Bundesarbeitsgericht (AP Nr. 9 zu § 630 BGB = DB 1975, 155 = NJW 1975, 407) hat bislang die Grundfrage, ob ein Verzicht möglich ist, offengelassen, scheint jedoch zu deren Bejahung zu tendieren. Entschieden wurde im zitierten Urteil, dass eine allgemein gefasste Ausgleichsquittung jedenfalls den Zeugnisanspruch nicht erfasst. Solche Ausgleichsquittungen werden dem Arbeitnehmer häufig bei Beendigung des Arbeitsverhältnisses vorgelegt. In ihnen bestätigt er, z. B. bei Erhalt seiner Lohnsteuerkarte und der übrigen Arbeitspapiere, dass „keine Ansprüche mehr gegen den Arbeitgeber bestehen". In einer derartig allgemein formulierten Erklärung liegt kein Verzicht auf ein qualifiziertes Zeugnis (vgl. LAG Düsseldorf LAGE Nr. 24 zu § 630 BGB = NZA 1996, 42). Dagegen soll nach einem Urteil des LAG Köln bei hinreichender Klarheit auch in einer Ausgleichsquittung verzichtet werden können (vgl. LAG Köln LAGE Nr. 22 zu § 630 BGB). Da der Zeugnisanspruch für das berufliche Fortkommen des Arbeitnehmers von existentieller Bedeutung ist und die Zeugniserteilung keine hohe wirtschaftliche Belastung des Arbeitgebers darstellt, liegt im Zweifel kein Verzicht in einer allgemeinen Ausgleichsquittung vor (vgl. umfassend ErfK/*Müller-Glöge* § 109 GewO Rn. 52).

## 10. Abgeltungsklauseln in Aufhebungsverträgen

Entsprechendes gilt für sog. Abgeltungsklauseln, wie sie in gerichtlichen und außergerichtlichen Vergleichen üblicherweise enthalten sind: Vereinbaren z. B. die Parteien eines Kündigungsschutzprozesses, dass das Arbeitsverhältnis zu einem bestimmten Zeitpunkt endet und, dass für den Verlust des Arbeitsplatzes eine Abfindung zu zahlen ist, wird regelmäßig noch folgende Klausel mit aufgenommen:

> „Die Parteien sind sich darüber einig, dass mit vorstehendem Vergleich sämtliche gegenseitigen Ansprüche aus dem Arbeitsverhältnis und aus Anlass von dessen Beendigung abgegolten sind."

Wenn in solch einer Klausel aber nicht ausdrücklich der Zeugnisanspruch als miterledigt erwähnt ist, wird er auch nicht von ihr erfasst, da er nicht im Gegenseitigkeitsverhältnis zu Ansprüchen des Arbeitgebers steht. Das bedeutet, dass der Arbeitnehmer diesen Anspruch danach noch geltend machen kann (vgl. ErfK/*Müller-Glöge* § 109 GewO Rn. 52).

# IX. Inhalt und Erfüllung des Zeugnisanspruchs

## 1. Wahlrecht des Arbeitnehmers

Da der Anspruch auf Zeugniserteilung ein schuldrechtlicher Anspruch ist, erlischt er nach § 362 BGB mit seiner Erfüllung durch den Arbeitgeber. Hat also der Arbeitnehmer das geforderte Zeugnis erhalten, kann er grundsätzlich nicht die nochmalige Ausstellung verlangen. Voraussetzung ist, dass der Anspruch ordnungsgemäß erfüllt, d. h. das Arbeitszeugnis inhaltlich richtig erteilt wurde (zum Wahlrecht während eines Kündigungsschutzprozesses (vgl. LAG Hamm NZA-RR 2007, 486).

Der Zeugnisanspruch ist nach den einschlägigen Vorschriften der § 109 GewO, § 630 BGB, § 16 BBiG zunächst gerichtet auf Erteilung eines einfachen Zeugnisses: Dieses umfasst Angaben „über das Dienstverhältnis und dessen Dauer“ bzw. „Art und Dauer der Tätigkeit“ (vgl. § 109 GewO). Es ist auf Verlangen des Arbeitnehmers als qualifiziertes Zeugnis zu erteilen, welches sich „auf Leistung und Verhalten im Arbeitsverhältnis“ (siehe § 109 GewO) zu erstrecken hat. (Zu den jeweiligen Zeugnisinhalten siehe unten S. 57 ff.).

Der Arbeitnehmer hat bei der Geltendmachung seines Zeugnisanspruchs als Gläubiger das uneingeschränkte Wahlrecht, mit dem er den Inhalt der vom Arbeitgeber zu erbringenden Leistung bestimmen kann: er kann ein einfaches oder qualifiziertes Zeugnis verlangen.

## 2. Übergang von einer Zeugnisart zur anderen

Bei der Frage, ob der Arbeitnehmer ein einfaches und ein qualifiziertes Zeugnis fordern kann, sind folgende fünf Fälle, die allgemein unter dem Stichwort **„Wechsel der Zeugnisart“** geführt werden, zu unterscheiden:

**1. Fall:** Der Arbeitnehmer verlangt und erhält ein einfaches, möchte später aber ein qualifiziertes Zeugnis erteilt haben.

Diese zweite Forderung des Arbeitnehmers ist nach der herrschenden Meinung berechtigt (vgl. Küttner/*Reinecke*, Personalbuch, S. 2649). Hierfür spricht schon der Wortlaut der einschlägigen Vorschriften, wonach das Zeugnis auf „Leistung und Verhalten" (§ 109 GewO) bzw. „Leistungen und die Führung" (§ 630 BGB) zu erstrecken ist. Es besteht keine Pflicht zur Rückgabe des einfachen bei Erhalt des qualifizierten Zeugnisses.

**2. Fall:** Der Arbeitnehmer verlangt ein einfaches, erhält aber ein qualifiziertes Zeugnis.

Dieses Zeugnis kann der Arbeitnehmer zurückweisen: der Anspruch gemäß § 109 GewO wurde nämlich nicht erfüllt. Er braucht sich das qualifizierte Zeugnis vom Arbeitgeber nicht „aufdrängen" zu lassen und kann weiterhin auf Ausstellung eines einfachen Zeugnisses bestehen. Ob unter diesen Umständen das qualifizierte bei Erhalt des einfachen Zeugnisses zurückzugeben ist, wird kaum erörtert (vgl. BeckOK ArbR/*Tillmanns* § 109 GewO Rn. 23). Die Frage dürfte zu bejahen sein, da widersprüchliches Verhalten vorliegt, wenn man die Leistung, die man zunächst nicht verlangt und auch später abgelehnt hat, schließlich doch behalten will. Auch ist ein Interesse des Arbeitgebers zu erkennen, seine – zumeist versehentliche – Leistung zurückerstattet zu bekommen.

**3. Fall:** Der Arbeitnehmer verlangt und erhält ein qualifiziertes, möchte später jedoch ein einfaches Zeugnis erteilt haben.

Diese – zweite – Forderung wird von einem Teil der Literatur abgelehnt, da der Zeugnisanspruch bereits erfüllt sei bzw. nur eine einmalige Leistung verlangt werden könne (vgl. Liedtke NZA 1988, 270 mwN.). Diese Ansicht überzeugt aber nicht:

Ausgangspunkt für die richtige Lösung ist das Wahlrecht des Arbeitnehmers im Hinblick auf die vom Arbeitgeber zu erbringende Zeugnisleistung. Er hat die Wahl, ob er von seinem Zeugnisanspruch zuerst das „quantitative Mehr" (= qualifiziertes Zeugnis) oder das „quantitative Weniger" (= einfaches Zeugnis) fordern will. Verlangt der Arbeitnehmer zunächst das „quantitative Weniger" (siehe oben 1. Fall), darf er nach allgemeiner Meinung später das „quantitative Mehr" beanspruchen. Es besteht deshalb kein Grund, ihm den umgekehrten Weg abzuschneiden, bei dem er nach dem erhaltenen „Mehr" ein „Weniger" verlangt (ebenso: BeckOK ArbR/*Tillmanns* § 109 GewO Rn. 23). Der Arbeitgeber muss also auch hier dem zweiten Verlangen des Arbeitnehmers entsprechen und ein einfaches Zeugnis erteilen (wie hier auch Schleßmann S. 68 f. unter Hinweis auf den „minimalen Aufwand"). Bedenken hinsichtlich der Arbeitsbelastung des Arbeitgebers greifen nicht, da bei dieser Reihenfolge das qualifizierte Zeugnis ja nur „gekürzt" werden muss, damit das einfache Arbeitszeugnis entsteht. Auch die beiderseitige Interessenlage stützt diese Lösung: Da der Arbeitnehmer nicht weiß, wie das qualifizierte Zeugnis vom Arbeitgeber formuliert wird, muss er dieses anfordern, überprüfen und sich dann entscheiden können, ob er es akzeptiert. Dass er nach einhelliger Meinung ja auch genau umgekehrt verfahren könnte, bestätigt nur das gefundene Ergebnis. Der Arbeitgeber wird – auch zur Vermeidung eines Berichtigungsprozesses – nachträglich gern ein einfaches Zeugnis erteilen (vgl. MüKoBGB/*Henssler* § 630 BGB Rn. 24).

Der Arbeitnehmer ist bei Erhalt des einfachen Zeugnisses nicht verpflichtet, das zuvor erteilte qualifizierte Zeugnis an den Arbeitgeber zurückzugeben. Es steht ihm auch frei, mit welchem Zeugnis er sich bewerben oder vorstellen möchte.

**4. Fall:** Der Arbeitnehmer verlangt ein qualifiziertes, erhält aber ein einfaches Zeugnis.

Hier erfüllt der Arbeitgeber nicht die Leistungspflicht, die auf Grund des vom Arbeitnehmer ausgeübten Wahlrechts besteht; der Anspruch auf das qualifizierte Zeugnis besteht weiter. Auch besteht die Pflicht des Arbeitnehmers, das Erste Zeugnis zurückzugeben, da ein Behalten auch hier widersprüchliches Verhalten sein würde (siehe oben 2. Fall).

**5. Fall:** Der Arbeitnehmer verlangt gleichzeitig sowohl ein einfaches als auch ein qualifiziertes Zeugnis.

Diese Konstellation erscheint konstruiert und wird erkennbar auch nirgends diskutiert. Dieses Verlangen ist unzulässig. Der Arbeitnehmer hat das Wahlrecht in Bezug auf die Zeugnisleistung: wenn er sie fordert, muss er es ausüben; es ist also entweder ein einfaches oder ein qualifiziertes Zeugnis zu verlangen!

**Zusammenfassung/Ratschläge:**

(1) Das Zeugnisverlangen – einfaches oder qualifiziertes Zeugnis – ist genau zu bezeichnen.
(2) Ist eine gute Beurteilung von Leistung und Führung zu erwarten, empfiehlt es sich, gleich das qualifizierte Zeugnis zu verlangen. Wird die positive Erwartung enttäuscht, bestehen ja noch zwei Möglichkeiten: Berichtigungs- bzw. Neuerteilungsverlangen und Prozess wegen des qualifizierten Zeugnisses oder Verlangen eines einfachen Zeugnisses.
(3) Ist mit einer schlechten Beurteilung zu rechnen, empfiehlt es sich, „auf Nummer Sicher zu gehen" und zunächst ein einfaches Zeugnis zur Bewerbung zu verlangen und später ein qualifiziertes Zeugnis zwecks Überprüfung der Beurteilung des Arbeitgebers zu fordern. Außerdem kann ein einfaches Zeugnis dem Inhalt nach ziemlich genau vorauskalkuliert werden.

## 3. Holschuld

Der Anspruch ist wie bei allen übrigen Arbeitspapieren eine Holschuld; das bedeutet, dass der Arbeitgeber das Zeugnis in seinen Geschäftsräumen zur Abholung durch den Arbeitnehmer – nach dessen Anforderung – bereitzuhalten hat (§ 269 Abs. 2 BGB; wie hier auch ArbG Celle ARST 1973 Nr. 1113; BAG EBE / BAG 1995, 100). Nach § 242 BGB kann der Arbeitgeber im Einzelfall gehalten sein, dem Arbeitnehmer das Arbeitszeugnis nachzuschicken (vgl. BAG AP Nr. 21 zu § 630 BGB = NZA 1995, 671 = DB 1995, 1518 = BB 1995, 1355 = NJW 1995, 2373). Im Falle eines Hausverbots wandelt sich die Holschuld in eine Bringschuld, d. h. der Arbeitnehmer hat Anspruch nicht nur auf Erteilung, sondern auch auf Übersendung des Arbeitszeugnisses (vgl. LAG Düsseldorf DB 1954, 371).

Entsprechendes gilt nach Ansicht des ArbG Wetzlar (AuR 1972, 219) auch dann, wenn der Arbeitnehmer nach Ende des Arbeitsverhältnisses unzumutbare Aufwendungen, z. B. in Form von Reisekosten zu machen hätte und zuvor um Übersendung des Arbeitszeugnisses gebeten hat: Hier wandelt sich die Holschuld in eine Schickschuld um.

Hält der Arbeitgeber im Normalfall das Zeugnis trotz Verlangen des Arbeitnehmers nicht bereit, so ist er aus dem Gesichtspunkt des Verzugs (§ 286 BGB) verpflichtet, das Arbeitszeugnis dem Arbeitnehmer auf seine Kosten und Gefahr zu übersenden (vgl. Schaub/*Linck* ArbR-Hdb § 146 Rn. 15). Daraus folgt auch, dass der Arbeitgeber im Falle des Verzugs für den Verlust und eine Beschädigung des Zeugnisses auf dem Transportweg einzustehen hat: Er muss dem Arbeitnehmer eine weitere Ausfertigung übersenden.

## 4. Ersatzausstellung bei Verlust oder Beschädigung

Befindet sich der Arbeitgeber nicht im Verzug und geht das Originalzeugnis dem Arbeitnehmer selbst verloren oder wird es beschädigt, muss der Arbeitgeber auf Grund seiner Fürsorgepflicht ebenfalls ein weiteres Exemplar ausstellen.

Hierbei ist unerheblich, wodurch der Verlust bzw. die Beschädigung eingetreten ist. Es spielt nach richtiger Auffassung auch keine Rolle, ob dies vom Arbeitnehmer zu vertreten ist; entscheidend ist vielmehr allein, ob dem Arbeitgeber die nochmalige Ausfertigung zugemutet werden kann (ebenso: Schaub/*Linck* ArbR-Hdb. § 147 Rn. 8; zur Pflicht einer Neuausstellung, LAG Mainz, Beschl. v. 15.3.2011 – 10 Ta 45/11). Die **Ersatzausstellung** ist dem Arbeitgeber **in der Regel** deshalb **zumutbar,** weil entweder eine Kopie des Zeugnisses aufbewahrt wird oder sonstige Aufzeichnungen, z. B. Leistungsbeurteilungen vorhanden sind. Sind solche nicht mehr vorhanden, wird mit zunehmendem Zeitablauf die erneute Zeugniserteilung immer unzumutbarer, zumal im Laufe der Zeit die Erinnerung an den einzelnen Arbeitnehmer schwindet. Für das Vorliegen der Umstände, die die nochmalige Ausstellung unzumutbar machen, ist der Arbeitgeber darlegungs- und beweispflichtig.

Mit der Ersatzausstellung erhält der Arbeitnehmer nur das ursprüngliche Zeugnis ersetzt. Es ist ein neues Originalzeugnis zu erstellen, eine Kopie mit Beglaubigungsvermerk reicht nicht aus, wohl aber eine Kopie mit Originalunterschrift (vgl. LAG Bremen LAGE Nr. 6 zu § 630 BGB = NZA 1989, 848 = BB 1989, 1825).

Einen besonders interessanten Fall hatte in diesem Zusammenhang das LAG Hamm zu entscheiden (Urteil vom 15.7.1986 – Sa 2289/85, abgedruckt in LAGE Nr. 5 zu § 630 BGB): Zwischen den Parteien eines Kündigungsschutzverfahrens war in einem weiteren Arbeitsgerichtsverfahren über den Inhalt eines erteilten Zeugnisses ein Vergleich geschlossen worden, der dessen Wortlaut genau festlegte. Das daraufhin erteilte Zeugnis wurde vom Arbeitnehmer durch dessen Prozessvertreter beim DGB an den Arbeitgeber mit der Bitte um Abänderung zurückgesandt, da es dem vereinbarten Wortlaut in zwei Punkten nicht entsprach. Als das nunmehr korrekte Zeugnis in der Geschäftsstelle des DGB eintraf, wurde nicht nur das Begleitschreiben des Arbeitgebers, sondern versehentlich auch das Zeugnis selbst mit einem Eingangsstempel versehen. Nachdem telefonische und schriftliche Bitten um Ersatzausstellung erfolglos waren, musste der Arbeitnehmer eine weitere arbeitsgerichtliche Klage erheben. Er beantragte, den Arbeitgeber zur erneuten Erteilung des bereits erteilten, mit dem DGB-Eingangsstempel versehenen Zeugnisses zu verurteilen; das Arbeitsgericht wies die Klage ab. Die Berufung zum LAG Hamm hatte Erfolg: Der Arbeitgeber wurde zur nochmaligen Ausstellung des Zeugnisses verurteilt.

Zur Begründung führte das LAG unter anderem aus:

> „. . . Hier ist das Zeugnis zwar weder verlorengegangen noch im engeren Sinne beschädigt worden. Der Eingangsstempel des DGB ist aber eine der Beschädigung gleichzusetzende Beeinträchtigung des Wertes des Zeugnisses. Würde der Kläger dieses Zeugnis zum Zwecke einer Bewerbung vorlegen, so könnte der künftige Arbeitgeber daraus schließen, dass der Kläger Gewerkschaftsmitglied ist. Dies könnte für den Kläger nachteilig sein. Nach allgemeiner Meinung braucht der Arbeitnehmer seine Gewerkschaftszugehörigkeit nicht zu offenbaren. In dem Einstellungsgespräch und in dem Einstellungsfragebogen ist die Frage nach der Gewerkschaftszugehörigkeit grundsätzlich unzulässig (vgl. Schaub/*Linck* ArbR-Hdb. § 26 Rn. 24). Würde man dem Kläger den Anspruch auf die Ersatzausstellung verwehren, liefe das im Ergebnis darauf hinaus, dass der Kläger gezwungen würde, bei der Vorlage seines Zeugnisses zum Zwecke einer Bewerbung seine Gewerkschaftszugehörigkeit zu offenbaren. Das kann nicht richtig sein."

Das LAG Hamm schließt sich in seiner weiteren Urteilsbegründung der herrschenden Meinung (zitiert oben S. 45) an, worauf es für den Anspruch auf Ersatzausstellung nicht darauf ankommt, ob der Verlust bzw. die Beschädigung des Originalzeugnisses vom Arbeitnehmer verschuldet wurde oder nicht. Zur Beantwortung der Frage, ob dem Arbeitgeber die erneute Zeugnisausstellung noch zugemutet werden könne, wägt das Gericht die Nachteile des Arbeitnehmers auf Grund des „quasi-beschädigten" Zeugnisses und die Belastung des Arbeitgebers durch die Ersatzausstellung (das dortige Zeugnis bestand lediglich aus fünf Sätzen) ab und bejahte am Ende den mit der Klage geltend gemachten Anspruch des Arbeitnehmers.

Das Urteil verdient sowohl vom Ergebnis als auch von der Begründung her volle Zustimmung!

Nicht zu entscheiden hatte das LAG Hamm eine Frage, die sich in diesem Zusammenhang geradezu aufdrängt: Was gilt, wenn das erteilte Zeugnis nicht von einem gewerkschaftlichen Stempel, sondern vom Eingangsstempel eines Rechtsanwalts „getroffen" wird? Liegt auch hier eine „der Beschädigung gleichzusetzende Beeinträchtigung des Wertes des Zeugnisses" (LAG Hamm aaO.) vor? Folgt man dem Gedankengang des LAG Hamm, kommt es hier darauf an, ob die Tatsache eines mit anwaltlicher Hilfe gegen den vorherigen Arbeitgeber geführten Prozesses vom Arbeitnehmer bei einer Bewerbung zu offenbaren ist. Auch diese Frage ist zu verneinen: Einerseits besteht kein schützenswertes Interesse eines Arbeitgebers an einer solchen Information; zum anderen überlässt das durch Art. 2 GG geschützte allgemeine Persönlichkeitsrecht in Verbindung mit dem Grundrecht auf informationelle Selbstbestimmung (siehe hierzu das sog. Volkszählungsurteil des BVerfG NJW 1984, 419) die Entscheidung allein dem Arbeitnehmer, ob er solch persönliche Daten bekannt geben will oder nicht. Daraus folgt nach meiner Auffassung auch, dass der Arbeitnehmer, sollte er bei der Bewerbung hiernach gefragt werden, diese – unzulässige – Frage bewusst wahrheitswidrig beantworten darf (vgl. allgemein zum Fragerecht des Arbeitgebers bei Einstellung unter Berücksichtigung des AGG: Wisskirchen/Bissels NZA 2007, 169 ff.); dem Arbeitgeber steht dann auch kein Recht zur Anfechtung des Arbeitsvertrags zu, der auf Grund einer solchen „zulässigen Lüge“ des Arbeitnehmers abgeschlossen wurde.

In dieselbe Richtung wie das vom LAG Hamm für den DGB-Stempel gefundene und hier für den Eingangsstempel eines Rechtsanwalts entwickelte Ergebnis zielt ein Urteil des LAG Baden-Württemberg vom 27.10.1966: Es entschied, dass ein über den Zeugnisinhalt geführter Streit zwischen Arbeitnehmer und Arbeitgeber nicht aus der Neufassung des Arbeitszeugnisses zu entnehmen sein darf. Der dort verklagte – und unterlegene – Arbeitgeber hatte mit der gewerkschaftlichen Vertretung des Arbeitnehmers eine Einigung über den Inhalt des neu zu erteilenden Arbeitszeugnisses erzielt und dieses mit dem Zusatz versehen: „Gemäß dem Abänderungsvorschlag der DAG vom. . . erteilen wir Ihnen nachstehendes Zeugnis. . .“! Das LAG urteilte: „Eine Bezugnahme des Urteils, das dem Arbeitgeber die Zeugnisberichtigung oder -ergänzung aufträgt, ist nicht erlaubt. In dem Zeugnis darf der Arbeitgeber auch nicht andeuten, dass vorher über seinen Inhalt Streit bestanden hat und dass er sich im Vergleichswege mit dem Arbeitnehmer oder seiner Gewerkschaft auf eine Neufassung geeinigt habe“ (LAG Baden-Württemberg DB 1967, 48; i. Erg. ebenso ErfK/*Müller-Glöge* § 109 GewO Rn. 67). Auch dieses Urteil schützt die Interessen des Arbeitnehmers in erforderlichem Umfang.

## 5. Zurückbehaltungsrecht

Dem Arbeitgeber steht – ebenso wie bei allen anderen Arbeitspapieren – **kein Zurückbehaltungsrecht am Arbeitszeugnis** zu; Das gilt gleichermaßen für das End- wie Zwischenzeugnis als auch für das vorläufige, qualifizierte und einfache Zeugnis. Dies widerspräche der Fürsorgepflicht des Arbeitgebers und könnte auch nicht damit begründet werden, dass der Arbeitnehmer z. B. noch die Herausgabe bestimmter Sachen schuldet, die dem Arbeitgeber gehören (Arbeitsgeräte oder -kleidung, Bücher, Firmenfahrzeuge etc.). Der Arbeitgeber kann ebenfalls nicht einwenden, der Arbeitnehmer erbringe nicht die arbeitsvertraglich geschuldete Leistung (sog. Einrede des nicht erfüllten Vertrages, §§ 320 ff. BGB). Ebenso wird der

Arbeitgeber nicht damit gehört, dass zwischen dem Arbeitnehmer und ihm ein Rechtsstreit über den Fortbestand des Arbeitsverhältnisses bzw. die Rechtsunwirksamkeit einer Kündigung anhängig und noch nicht abgeschlossen sei (BAG NZA 1987, 628 = DB 1987, 1845). Das gilt sowohl im Fall einer fristlosen Kündigung des Arbeitgebers, eines Vertragsbruchs des Arbeitnehmers als auch bei unberechtigtem fristlosen Ausscheiden des Arbeitnehmers (ArbG Oberhausen AuR 1972, 26). Nach Ansicht des ArbG Wetzlar (DB 1989, 1428 = BB 1989, 1203) kann der **Arbeitnehmer als Eigentümer** der Arbeitspapiere jederzeit deren Herausgabe verlangen. Nach Peterek DB 1968, 173 folgt dies – zutreffend – aus der „starken personenrechtlichen Seite des Arbeitsverhältnisses und der arbeitsrechtlichen Fürsorgepflicht".

Ebenso hat der Arbeitgeber kein Zurückbehaltungsrecht am Endzeugnis, wenn der Arbeitnehmer sich weigert, ein zuvor erteiltes Zwischenzeugnis zurückzugeben. Es besteht nämlich grundsätzlich keine Rückgabepflicht (zu den Ausnahmefällen beim Wechsel von einer Zeugnisart in die andere siehe oben S. 41 ff.).

Während allgemein ein Zurückbehaltungsrecht des Arbeitgebers verneint wird (vgl. Schaub/*Linck* ArbR-Hdb. § 147 Rn. 13), besteht keine Einigkeit betreffend einer **Rückgabepflicht** des Arbeitnehmers (bejahend: Schaub/*Linck* ArbR-Hdb. § 147 Rn. 36 f.). Meiner Meinung nach kann es keine Pflicht zur Rückgabe z. B. des Zwischenzeugnisses bei Erteilung des Endzeugnisses geben: Zum einen stehen Zwischenzeugnis und Endzeugnis zueinander nicht im Verhältnis von „Weniger" zu „Mehr" – das Zwischenzeugnis ist kein „kleines Endzeugnis", das Endzeugnis umgekehrt kein „großes Zwischenzeugnis" – zum anderen fällt der Grund für die Ausstellung des Zwischenzeugnisses (z. B. Vorgesetztenwechsel etc.) nicht nachträglich weg, wenn später ein Endzeugnis zu erteilen ist. Der Arbeitnehmer ist nicht ungerechtfertigt um das Zwischenzeugnis bereichert, wenn er später ein Endzeugnis erhält; ein Fall des § 812 Abs. 1 S. 2, 1. Alt. BGB, wonach eine Leistung herauszugeben ist, wenn der rechtliche Grund für sie später wegfällt, liegt gerade nicht vor!

Die Überlegung von Henssler (MüKoBGB/*Henssler* § 630 Rn. 53), dass das Zwischenzeugnis für den Arbeitnehmer von Nutzen sein kann, wenn er wegen des Endzeugnisses gegen den Arbeitgeber prozessiert, ist zwar pragmatisch zutreffend, überzeugt rechtlich jedoch nicht: Der Arbeitgeber ist nämlich bei der Erteilung des Endzeugnisses grundsätzlich nicht verpflichtet, die Formulierungen des Zwischenzeugnisses zu übernehmen (siehe oben S. 32 f.; zur Rückgabepflicht bei Widerruf siehe unten).

Verweigert der Arbeitgeber die Erteilung des Arbeitszeugnisses oder stellt er dieses verspätet aus, ist er dem Arbeitnehmer zum Ersatz des Schadens verpflichtet, der diesem dadurch entsteht, dass er eine Stelle nicht oder nur eine schlechter bezahlte Stelle erhält (vgl. hierzu im Einzelnen unten S. 147).

Dies gilt auch dann, wenn der Arbeitgeber die Zeugnisse nicht zurückgibt, die der Arbeitnehmer anlässlich seiner Bewerbung bei diesem vorlegte, allerdings nur insoweit, als es sich um Originale handelt; Kopien kann der Arbeitgeber behalten (vgl. Schleßmann S. 46).

## 6. Widerruf des Arbeitszeugnisses durch den Arbeitgeber

Der Arbeitgeber hat das Recht zum Widerruf eines Arbeitszeugnisses, wenn er sich bei dessen Erteilung geirrt hat. Dies gilt in gleicher Weise für End- wie Zwischenzeugnisse als auch für endgültige und vorläufige Zeugnisse.

Das Zeugnis stellt eine Dokumentation, ein Bekenntnis von Tatsachen dar; es ist daher nicht als Willens- sondern als Wissenserklärung einzustufen, mit der Folge, dass eine Anfechtung nach den §§ 119 ff. BGB (z. B. wegen Irrtums über den Inhalt, Täuschung oder Drohung durch den Arbeitnehmer etc.) ausgeschlossen ist (vgl. MüKoBGB/*Henssler* § 630 Rn. 63).

Der Arbeitgeber ist nicht bei jedem Fehler des Zeugnisses zum Widerruf berechtigt: Es muss sich um schwerwiegende Unrichtigkeiten tatsächlicher Art handeln, an die wegen des Vertrauensschutzes strenge Anforderungen gestellt werden und für deren Vorliegen der Arbeitgeber darlegungs- und beweispflichtig ist (vgl. LAG Hamm LAGE Nr. 25 zu § 630 BGB; ArbG München Urt. v. 14.12.1994 – 16

Ca 6310/94). Dies kann der Fall sein, wenn eine Beurteilung des Arbeitnehmers erfolgte, die sich im Nachhinein als falsch herausstellt: z. B. wenn dem Arbeitnehmer Ehrlichkeit bescheinigt wird, später jedoch Unterschlagungen oder Diebstähle zu Lasten des Arbeitgebers aufgedeckt werden (instruktiv: ArbG Passau BB 1991, 350). Gleiches wird gelten, wenn die besondere Qualifikation des Arbeitnehmers als Ausbilder betont wird, später aber sittliche Verfehlungen (z. B. sexueller Missbrauch von Schutzbefohlenen gem. § 174 StGB) aufgedeckt werden und der Arbeitnehmer hierwegen rechtskräftig verurteilt wird (zur Erwähnung von Straftaten im Zeugnis siehe unten S. 103).

Nicht gefolgt werden kann der zum Teil vertretenen Auffassung, der Arbeitgeber sei bereits zum Widerruf berechtigt, ja verpflichtet, wenn der Arbeitnehmer wegen Straftaten angeklagt wird, ein **Urteil oder Strafbefehl** aber noch nicht rechtskräftig ist. Diese Ansicht übersieht, dass ein Widerruf nur unter engen Voraussetzungen – als Ausnahme vom sonst üblichen Geschehensablauf – erfolgen darf; zum anderen gebietet es gerade die arbeitgeberseitige Fürsorgepflicht gegenüber dem Arbeitnehmer, dass der Ausgang eines Straf- bzw. Strafbefehlsverfahrens abgewartet wird. Stellt sich später nämlich die Unschuld des Arbeitnehmers heraus oder wird ein Verfahren eingestellt, war das zuerst erteilte Zeugnis zutreffend. Ein zwischenzeitlich ausgestelltes Zeugnis, in welchem das Verfahren vermerkt oder angedeutet wurde, müsste dann erneut widerrufen werden. Eine vollständige Rehabilitation des Arbeitnehmers in einem solchen Fall (der Lateiner sagt: aliquid semper haeret, etwas bleibt immer „hängen“) ist dann nicht mehr möglich. Die gegenteilige Ansicht kann sich auch nicht auf das Urteil vom BAG vom 5.8.1976 (AP Nr. 10 zu § 630 BGB) berufen: Der dort entschiedene Sachverhalt war nämlich dadurch gekennzeichnet, dass gegen den dortigen Arbeitnehmer (Heimerzieher) ein Strafverfahren wegen sittlicher Verfehlungen an seinen Pfleglingen lief, dieser jedoch vom Arbeitgeber verlangte, dass dieses Strafverfahren im Zeugnis über Führung und Leistung unerwähnt bleiben sollte. Das Bundesarbeitsgericht entschied, dass der Wunsch des Arbeitnehmers unberechtigt sei und begründete dies mit der Wahrheitspflicht bei der Zeugniserteilung.

Dieser Fall ist mit dem des Widerrufs eines Zeugnisses nicht gleichzusetzen, da hier der Arbeitgeber bereits ein Zeugnis erteilt hat, an welches er grundsätzlich gebunden ist; ein Widerruf ist als Ausnahmefall jedoch nur begrenzt zulässig. Hat aber der Arbeitgeber bereits ein Arbeitszeugnis mit positiver Beurteilung von Leistung und Führung ausgestellt, muss er den rechtskräftigen Abschluss von Ermittlungs- bzw. Strafverfahren abwarten, bevor er das erteilte Zeugnis zurückfordern, d. h. widerrufen darf, sollte der Arbeitnehmer rechtskräftig verurteilt werden. Dem Arbeitgeber wird hierdurch auch keine unzumutbare (Mehr-)Belastung auferlegt. Das vorstehende Ergebnis wird auch bestätigt durch ein Urteil des ArbG Münster in DB 1988, 2209, wonach der Arbeitnehmer nicht verpflichtet ist, von sich aus dem Arbeitgeber bei seiner Einstellung ein noch nicht rechtskräftig abgeschlossenes Ermittlungs- oder Strafverfahren mitzuteilen (Ls. 1). Was für die Bewerbung gilt, gilt hier auch für das Zeugnis; Zum Fragerecht des Arbeitgebers nach rechtskräftigen Vorstrafen hat das BAG (AP Nr. 2 zu § 123 BGB und AP Nr. 7 zu § 1 KSchG – Verhaltensbedingte Kündigung – = DB 1970, 1276) in anderem Zusammenhang entschieden, dass solche Fragen nur zulässig sind, wenn die zu besetzende Stelle oder zu erfüllende Aufgabe dies erfordern und die Vorstrafe „einschlägig" ist, wie z. B. bei Unterschlagung durch einen Prokuristen, Diebstahl durch eine Kassiererin etc.

Wenn der Arbeitgeber ein falsches Zeugnis ausgestellt hat, ist er gleichwohl nicht immer zum Widerruf berechtigt: Es muss ein wichtiger Grund vorliegen, der einen Widerruf erforderlich macht; ein bloßes Interesse des Arbeitgebers reicht nicht aus. In den oben geschilderten Fällen der – rechtskräftigen – Verurteilung des Arbeitnehmers wird der wichtige Grund zum Widerruf in der Regel gegeben sein. Weitere Voraussetzung ist aber, dass die unzutreffenden Angaben im Zeugnis unverschuldet gemacht wurden. Teilweise wird in diesem Zusammenhang diskutiert, ob der Arbeitgeber ein Zeugnis mit falschen Angaben über den Arbeitnehmer auch dann widerrufen könne, wenn er diese bewusst gemacht hat, der Gebrauch des Arbeitszeugnisses durch den Arbeitnehmer aber gegen die guten Sitten verstoße (vgl. MüKoBGB/*Henssler* § 630 Rn. 62). Dies kann nicht bejaht werden: Abgesehen davon, dass das Kriterium des Verstoßes gegen die guten Sitten nicht besonders griffig ist, würde es selbst in solchen Fällen praktisch ins Belieben des Arbeitgebers gestellt, ob ein zuvor bewusst und gewollt erteiltes Zeugnis vom Arbeitnehmer verwendet werden kann oder nicht. Der Arbeitgeber, der ein Zeugnis ausstellt, weiß aber, dass dieses zur Benutzung im Rechtsverkehr dient. Die Berufung auf einen sittenwidrigen Gebrauch – sollte dieser überhaupt vorliegen – ist daher grundsätzlich ausgeschlossen. Lediglich in dem Fall, dass der Arbeitgeber unbewusst unrichtige Angaben im Zeugnis macht, ist meines Erachtens ein Widerrufsrecht zu bejahen.

In den Fällen, in denen der Arbeitgeber ein Zeugnis unter Verzicht auf nähere Ermittlungen über den zu beurteilenden Arbeitnehmer ausstellt, soll er es nach einer teilweise vertretenen Meinung in der Literatur bei Unvollständigkeit später nicht mehr zurücknehmen können. Die dem zugrundeliegende Wertung ist zwar zutreffend, lässt sich jedoch dogmatisch sauber nicht auf § 814 BGB direkt stützen: Diese Vorschrift schließt zwar auch eine Rückforderung von Leistungen aus. Sie gilt jedoch nur dann, wenn die Leistungen in positiver Kenntnis, dass sie nicht geschuldet werden, erbracht wurden. Beim Zeugnisanspruch handelt es sich aber um ein unabdingbares Recht des Arbeitnehmers; der Arbeitgeber schuldet gerade auf Grund der oben S. 9 f. genannten Vorschriften die Zeugniserteilung; ein Fall der Nichtschuld bzw. Anstands- und Sittenpflicht im Sinne des § 814 BGB liegt daher eindeutig nicht vor. Eine direkte Anwendung dieser Norm ist somit ausgeschlossen.

Aber auch eine entsprechende Anwendung ist nicht erforderlich: Verlangt nämlich ein Arbeitgeber ein ohne ausreichende vorherige Ermittlungen erteiltes Zeugnis vom Arbeitnehmer zurück, verhält er sich, zumindest wenn die Nachforschungen bewusst unterblieben sind, rechtsmissbräuchlich. Es liegt ein Fall des venire contra factum proprium, des widersprüchlichen Verhaltens, vor (kritisch insoweit: ErfK/*Müller-Glöge* § 109 GewO Rn. 56): Wegen des vorherigen, gegensätzlichen Verhaltens kann der Arbeitgeber daher das Zeugnis nicht widerrufen bzw. zurückverlangen.

Eine Ausnahme wird man einzig und allein für den Fall zulassen müssen, dass der Arbeitgeber die **Ermittlungen** unbewusst unterlässt. Da der Arbeitnehmer Anspruch auf ein wahrheitsgemäßes Arbeitszeugnis hat, ist der Arbeitgeber verpflichtet, sich ein umfassendes und korrektes Bild über die zu beurteilende Person zu machen. Erfüllt er diese Pflicht nicht, drohen Schadensersatzansprüche des Arbeitnehmers (siehe hierzu S. 147). Bemerkt der Arbeitgeber nach Zeugniserteilung diese eigene Unterlassung, ist er bereits im Hinblick auf seine Schadensminderungspflicht gemäß § 254 BGB gezwungen, das Zeugnis zu widerrufen und die Ermittlungen nachzuholen, um sodann unverzüglich ein neues – zutreffendes – Zeugnis ausstellen zu können. Den Nachweis, dass die Nachforschungen über den Arbeitnehmer zuvor nicht bewusst unterblieben sind, hat aber in vollem Umfang der Arbeitgeber zu führen; ebenso hat er zu beweisen, dass er nach Widerruf des Zeugnisses die Ermittlungen und die erneute Zeugniserteilung unverzüglich, d. h. ohne schuldhaftes Zögern im Sinne des § 121 BGB, nachgeholt hat.

Im Hinblick auf die oben dargestellte Ansicht von Henssler (S. 52), ein Widerruf sei in jedem Fall zuzulassen, „wenn die Unrichtigkeit derart ist, dass der Gebrauch eines Zeugnisses gegen die guten Sitten verstößt“ (MüKoBGB/*Henssler* § 630 Rn. 53 unter Hinweis auf LAG Frankfurt DB 1951, 308), wurde bereits festgestellt, dass dies zum einen ein äußerst vages und indifferentes Kriterium ist. Zum anderen ist der Widerruf eines bewusst falsch erteilten Zeugnisses selbst für den Fall unzulässig, dass dessen Gebrauch durch den Arbeitnehmer einen Sittenverstoß darstellen sollte, und zwar aus folgenden Überlegungen: Verbunden mit dem Recht des Arbeitgebers, ein Zeugnis zu widerrufen, ist das Recht, es vom Arbeitnehmer zurückzuverlangen. Mit der Zeugniserteilung erbringt der Arbeitgeber eine Leistung im Sinne des Bereicherungsrechts der §§ 812 ff. BGB. Hier wird unter einer Leistung jede bewusste und auf die Vermehrung fremden Vermögens gerichtete Zuwendung verstanden, also auch die Zeugniserteilung. Der Anspruch auf ein Arbeitszeugnis ist nicht abstrakt-ideeller, sondern vermögensrechtlicher Natur (vgl. LAG Düsseldorf LAGE Nr. 17 zu § 12 ArbGG 1979 = EzA Nr. 18 zu § 12 ArbGG 1979 – Streitwert –; LAG Hamm vom 22.1.1980 – 13 Sa

1465/79). Daraus folgt, dass die Erfüllung dieses Anspruchs eine Leistung darstellt, deren Rückforderung sich grundsätzlich nach den §§ 812 ff. BGB richtet. Im Falle einer bewusst unwahren Zeugniserteilung und bei – unterstelltem – **Sittenverstoß** des Arbeitnehmers ist die Rückforderung des Arbeitgebers durch § 817 S. 2 BGB ausgeschlossen: Danach kann der Leistende (hier: Arbeitgeber) die erbrachte Leistung (Zeugniserteilung) vom Empfänger (Arbeitnehmer) dann nicht zurückverlangen, wenn – auch – ihm ein Verstoß gegen die guten Sitten zur Last fällt (vgl. ebenso: Schleßmann, S. 145 f.). Ein solcher Sittenverstoß des Arbeitgebers liegt nach meiner Meinung in einer bewusst falschen Zeugniserteilung, ganz abgesehen davon, dass eine Verletzung der Wahrheitspflicht des Arbeitgebers gegeben ist. Die Rückforderung ist erst recht dann ausgeschlossen, wenn nicht (auch) der Arbeitnehmer, vielmehr ausschließlich der Arbeitgeber den guten Sitten zuwider handelt.

**Zusammenfassend** ist daher festzustellen, dass es ein **Widerrufsrecht** und damit einen Rückforderungsanspruch des Arbeitgebers **nur ausnahmsweise** und in engen Grenzen gibt. Wird das Zeugnis bewusst ohne Ermittlungen und bewusst unwahr ausgestellt, existiert kein Widerrufsrecht; werden vor der Zeugniserteilung die Nachforschungen unbewusst unterlassen, kann der Arbeitgeber zum Widerruf eines unrichtigen Arbeitszeugnisses berechtigt sein. Vorstehende Fälle setzen gemeinsam voraus, dass dem Arbeitnehmer ein zu positives Zeugnis erteilt wurde. Im umgekehrten Fall, d. h. bei zu schlechter Bewertung, wird der Arbeitnehmer selbst in der Regel von sich aus die Initiative ergreifen und Berichtigung bzw. Neuerteilung (siehe unten S. 128 f.) vom Arbeitgeber fordern.

Ist ein solches Widerrufsrecht ausnahmsweise gegeben, folgt der Rückforderungsanspruch des Arbeitgebers aus § 812 Abs. 1 S. 2, 1. Alt. BGB, da durch die Erklärung des Widerrufs der rechtliche Grund zum Behaltendürfen des Zeugnisses wegfällt. In diesem Fall hat der Arbeitnehmer das erste Zeugnis Zug um Zug gegen Aushändigung des neuen Arbeitszeugnisses an den Arbeitgeber zurückzugeben. Entsprechendes gilt, wenn der Arbeitgeber auf Grund eines gerichtlichen Urteils oder eines – gerichtlichen oder außergerichtlichen – Vergleichs (zum Verfahren siehe unten S. 127 ff.) verpflichtet wurde, ein neues Zeugnis zu erteilen. Hier hat der Arbeitgeber auch das Widerrufs- und Rückforderungsrecht und kann Herausgabe des alten bei Übergabe des neuen Zeugnisses verlangen. Darauf, dass der vorherige Streit über den Zeugnisinhalt nicht erwähnt oder angedeutet werden darf, wurde oben bereits hingewiesen. Hiermit ist nicht der Fall zu verwechseln, dass der Arbeitgeber ein Zeugnis widerrufen und zurückverlangen will, dessen Erteilung ihm durch Urteil oder Vergleich auferlegt worden ist. In diesem Fall ist ein Widerruf und eine Rückforderung nach einhelliger, allerdings nirgends näher begründeter Ansicht (vgl. Schaub/*Linck* ArbR-Hdb. § 147 Rn. 36) gänzlich ausgeschlossen. Meiner Meinung nach folgt dies im Falle eines Urteils aus dessen materieller Rechtskraft gemäß § 322 ZPO, wonach jede neue Verhandlung und Entscheidung ausgeschlossen ist (ebenso: MüKoBGB/*Henssler* § 630 Rn. 66). Dies gilt meines Erachtens im Falle eines – rechtswirksamen – gerichtlichen oder auch eines außergerichtlichen Vergleichs entsprechend.

Abschließend ist noch festzuhalten, dass der Arbeitgeber ein Widerrufsrecht nicht beliebig lang nach Zeugniserteilung geltend machen kann. Wartet er hiermit zu lange, kann auch dieses Recht und damit eine Rückforderung wegen Verwirkung abgeschnitten sein. Hierzu kann grundsätzlich auf die Ausführung zur Verwirkung des Zeugnisanspruchs des Arbeitnehmers (siehe oben S. 34 ff.) hingewiesen werden. Nach meiner Ansicht sind aber die zeitlichen Grenzen hier grundsätzlich enger zu ziehen, d. h. das Widerrufsrecht des Arbeitgebers wird regelmäßig eher verwirken als ein Zeugnisberichtigungs- bzw. Neuerteilungsanspruch (i. Erg. ebenso: ArbG Passau BB 1991, 350); dies folgt aus der besonderen Fürsorgeverpflichtung des Arbeitgebers gegenüber dem Arbeitnehmer und stellt eine angemessene Wertung der betroffenen Interessen dar.

# X. Äußere Form und notwendiger Inhalt

## 1. Äußeres Erscheinungsbild

Das Arbeitszeugnis ist **schriftlich** zu erteilen und zu unterschreiben. Hierzu gehört auch, dass das Zeugnis leserlich geschrieben werden muss, da sich sonst ein Dritter – im wahrsten Sinne des Wortes – kein Bild von dem zu beurteilenden Arbeitnehmer machen kann. Die Erteilung des Zeugnisses in elektronischer Form ist ausgeschlossen, §§ 630 S. 3 BGB, 109 Abs. 3 GewO.

Das Zeugnis ist maschinenschriftlich zu erstellen (ArbG München Urt. v. 26.7.1994 – 13a Ca 10 607/94 u. Urt. v. 4.3.1997 – 15 Ca 959/97; LAG Hamm, Urt. V. 28.3.2000 – 4 Sa 1588/99; ebenso MüKo BGB/*Henssler* § 630 Rn. 46). Handschriftliche Arbeitszeugnisse sind heute praktisch nicht mehr im Rechtsverkehr und sind meines Erachtens als „Zeugnis 2. Klasse“ einzustufen. Ein handschriftliches – etwa mit Bleistift! – erstelltes Zeugnis würde auch keine Garantie für seine Richtigkeit in sich tragen, da es ja nachträglich verändert und korrigiert worden sein könnte: Die Zeugniserteilung mit Bleistift ist daher nicht zulässig. Darüber hinaus muss das Zeugnis als „Visitenkarte“ des Arbeitnehmers in der Form des beim Arbeitgeber üblichen Schriftverkehrs aufgesetzt werden. Ein Abweichen hiervon wäre ein negatives Merkmal und ist deshalb unzulässig (ebenso: LAG Köln LAGE Nr. 15 zu § 630 BGB = NZA 1992, 841 = DB 1992, 1484).

Das Arbeitszeugnis ist auf aktuellem **Geschäftspapier** des Arbeitgebers zu erstellen, aus dem sich z. B. die korrekte Anschrift des Arbeitgebers (Arbeitsplatz!), bei einer juristischen Person die Vertretungsverhältnisse etc. ergeben (vgl. LAG Köln aaO.). Werden im Geschäftszweig des Arbeitgebers für schriftliche Äußerungen üblicherweise Firmenbögen benutzt, und verwendet auch der Arbeitgeber solches Geschäftspapier, so ist ein Zeugnis nur dann ordnungsgemäß, wenn es auf Firmenpapier geschrieben ist (BAG AP Nr. 20 zu § 630 BGB = NZA 1993, 697 = DB 1993, 1624 = BB 1993, 1439; LAG Hamm MDR 2000, 590). Ein weißer Briefbogen mit Stempel und Unterschrift genügt nicht; das Zeugnis ist in einheitlicher Maschinenschrift abzufassen (BAG aaO.). Es ist außerdem in ungefaltetem Zustand und mit nicht ausgefülltem Adressfeld auszustellen (LAG Hamburg NZA 1994, 890, u. S. 59; LAG Hamm NZA-RR 1998, 151; ebenso: ArbG München Urt. v. 4.3.1997 – 15 Ca 959/97; Urt. v. 22.12.1999 – 22 Ca 16 456/99; ArbG Heilbronn Urt. v. 17.3. 2000 – 1 Ca 476/98).

Anderer Ansicht ist jedoch das BAG (BAG AP Nr. 23 zu § 630 BGB = NZA 2000, 257 = DB 2000, 282 = FA 2000, 126 = BB 2000, 411 mit krit. Anm. Schleßmann), das „eine allgemeine Übung, Zeugnisse grundsätzlich in einer Versandtasche DIN A 4 mit gesteiftem Rücken zu versenden", nicht bejahen möchte (ebenso i. Erg.: LAG Schleswig-Holstein BB 1998, 275), was m. E. allerdings nicht der tagtäglichen Praxis und wohlverstandener, arbeitgeberseitiger Fürsorge entspricht.

Ein Oberarzt in der chirurgischen Abteilung eines Krankenhauses hat Anspruch auf ein Arbeitszeugnis, das unter dem Briefkopf der chirurgischen Abteilung abgefasst und von den Chefärzten und dem Geschäftsführer des Krankenhauses unterzeichnet ist. Ein Zeugnis, das auf dem allgemeinen Briefbogen des Krankenhauses steht und nur vom Geschäftsführer unterschrieben ist, genügt dem Zeugnisanspruch nicht (vgl. LAG Hamm BB 1995, 154). Benutzt der Arbeitgeber für bestimmte Anlässe Repräsentationsbögen, so sind diese für die Erteilung von Zeugnissen zu verwenden (vgl. LAG Hamm NZA-RR 1998, 151).

Das Zeugnis ist auf DIN-A 4-Papier zu schreiben, da sich insoweit eine Üblichkeit im Rechtsverkehr entwickelt hat, ein Abweichen hiervon negative Deutungen zulässt.

Es versteht sich eigentlich von selbst, ist aber in der Praxis leider nicht immer selbstverständlich, dass das Arbeitszeugnis ein **angemessenes äußeres Erscheinungsbild** haben muss. Unzulässig sind daher Streichungen, Radierungen, Ausbesserungen, Tipp-Ex-Verbesserungen, Flecken, Knicke etc. (ebenso: ErfK/*Müller-Glöge* § 109 GewO Rn. 14 f.). Liegen solche Mängel, die eigentlich nicht Anlass für rechtliche Überlegungen sein dürften, sondern lediglich die angemessene menschliche Umgangsform betreffen, dennoch vor, kann der Arbeitnehmer dieses Zeugnis zurückweisen und Ausstellung eines korrekten Zeugnisses verlangen.

## 2. Schreibfehler

Enthält das Zeugnis wesentliche Schreibfehler, ist ebenfalls auf Verlangen des Arbeitnehmers ein neues Zeugnis auszufertigen. Abzulehnen ist die früher teilweise vertretene Auffassung, dass im Falle der Verbesserung von Schreibfehlern ein Zusatz erforderlich sei, „dass und was geändert wurde". Diese Ansicht verkennt, dass auch bei der Ausbesserung von Schreibfehlern das Zeugnis ein Manko behält und ein neues korrektes Arbeitszeugnis nach wie vor vom Arbeitnehmer verlangt werden kann: Auch durch die Verbesserung von Fehlern im Zeugnisoriginal wird der Anspruch des Arbeitnehmers – von optischen Argumenten einmal abgesehen – nämlich nicht erfüllt.

Kein Anspruch auf Neuerteilung besteht allerdings in dem Fall, dass der Schreibfehler weder sinnentstellend noch sonst von Bedeutung für das Arbeitszeugnis ist. Das ArbG Düsseldorf hatte in diesem Zusammenhang einen Fall zu entscheiden, von dem man annehmen könnte, dass er der Phantasie entsprungen, nicht aber Gegenstand eines Rechtsstreits vor einem Arbeitsgericht sein könnte (vgl. ArbG Düsseldorf NZA 1985, 812 = NJW 1986, 1281). Die Klägerin des dortigen Verfahrens wünschte, dass der beklagte Arbeitgeber das ihr erteilte Zeugnis berichtigen solle. Im Zeugnis, das auf Grund eines Prozessvergleichs zu erteilen war, hatte der Arbeitgeber unter anderem geschrieben:

> „Aufgrund ihrer Persönlichkeit, ihres gradlinigen verbindlichen Wesens sowie ihres loyalen integeren Verhaltens wurde Frau C.. . .".

Die klagende Arbeitnehmerin war der Ansicht, dass es statt „integeren" korrekterweise „integren" heißen müsse und begründete dies im Rechtsstreit damit, dass das Fremdwort „integer" aus der lateinischen Sprache entlehnt und im Deutschen den lateinischen Formen entsprechend zu deklinieren sei: „Sie habe einen Anspruch darauf, ein Zeugnis zu erhalten, das nicht mit derart störenden Schreibfehlern behaftet sei" (ArbG Düsseldorf aaO.).

Die Beklagte weigerte sich und wandte ein, dass die Klage nicht nur unbegründet, sondern bereits unzulässig sei.

Das Arbeitsgericht Düsseldorf hingegen hielt die Klage zwar für zulässig, in der Sache selbst jedoch für unbegründet.

Die Unzulässigkeit sei nicht deshalb anzunehmen, weil der Rechtsstreit „in den Augen Außenstehender möglicherweise als in gewissem Maße kleinlich oder gar kleinkariert erscheinen mag" (ArbG Düsseldorf aaO.). Das Gericht ging davon aus, dass es die Klägerin mit ihrem Begehren ernst meinte und hielt dieses nicht für „in massiver Weise querulatorisch" (ArbG Düsseldorf aaO.); auch stehe es den Gerichten wegen des durch Art. 103 GG garantierten Rechtsschutzes nicht zu, eine Entscheidung in der Sache selbst mit der Begründung zu verweigern, die Klage sei abwegig oder unverständlich. Das Arbeitsgericht führt dazu in seiner Entscheidung wörtlich aus:

> „Allenfalls in ganz seltenen Ausnahmefällen – etwa bei offensichtlich nicht ernst gemeinten Anträgen, mit denen möglicherweise auch das Gericht der Lächerlichkeit preisgegeben werden soll (z. B. Antrag auf Verweisung an das „jüngste Gericht") – dürfen die Gerichte eine Sachprüfung ablehnen. Dem Gericht sind hier also äußerst enge Grenzen gezogen" (ArbG Düsseldorf aaO.).

Aufgrund vorstehender Überlegung hielt das Arbeitsgericht die Klage für zulässig.

Die Begründetheit der Klage wurde jedoch verneint, da der von der Arbeitnehmerin geltend gemachte Anspruch auf Erteilung eines qualifizierten Zeugnisses insgesamt durch Erfüllung gemäß § 362 BGB erloschen sei. Das Arbeitsgericht stützte seine Entscheidung darauf, dass es Sache des Arbeitgebers sei, Form und Inhalt des Zeugnisses festzulegen und führte im weiteren Verlauf aus:

> „Solange der Arbeitgeber weder in Form noch Inhalt ein Zeugnis erteilt, das irgendwelche negativen Rückschlüsse auf den Arbeitnehmer zulässt, kann der Arbeitnehmer weder Änderung noch Berichtigung verlangen. Es ist nicht erkennbar, dass die hier von der Beklagten gewählte Schreibweise irgendwelche negativen Folgen für die Klägerin haben könnte" (ArbG Düsseldorf aaO.).

Letztendlich weist das Gericht darauf hin, dass oft genug und berechtigterweise vom Arbeitgeber verlangt wird, dass er kleinere, nicht ins Gewicht fallende Unvollkommenheiten seiner Arbeitnehmer schlicht hinnimmt; gleiches müsste dann aber auch umgekehrt gelten.

Der Entscheidung ist im Ergebnis voll und auch im Hinblick auf die hier – auszugsweise – wiedergegebene Begründung zuzustimmen. Nicht wiedergegeben wurde der Teil der Urteilsgründe, in dem sich das Arbeitsgericht eingehend mit Fragen der richtigen Deklination des Adjektivs „integer" sowie Durchführung demoskopischer Gutachten zur Ermittlung der richtigen Orthografie auseinandersetzt!

Nicht zu folgen ist jedoch der – allerdings nicht das Urteil tragenden – Aussage des Arbeitsgerichts, wonach sich auch aus der Tatsache, dass die Arbeitnehmerin eine ihr zusagende Anschlussstellung gefunden habe, ergebe, dass die monierte Schreibweise keine negativen Folgen haben könnte. Hier übersieht das Gericht, dass ebenso wie bei der Ablehnung von Bewerbern die Entscheidung für einen Bewerber vielfältige Gründe haben kann, sei es der persönliche Eindruck im Vorstellungsgespräch, Empfehlungen, Beziehungen etc. Außerdem kann ein Zeugnis bei der Bewerbung um die Anschlussstelle anders „ankommen" als z. B. bei einer späteren Bewerbung um einen ganz anderen, weiteren Folgearbeitsplatz. Schlösse man sich der Auffassung des Arbeitsgerichts Düsseldorf an, würde man dem auf Zeugnisberichtigung bzw. Neuerteilung verklagten Arbeitgeber für den Fall, dass der Arbeitnehmer – glücklicherweise – zwischenzeitlich bereits eine weitere Beschäftigung gefunden hat, die Einlassung eröffnen: „. . . es ist ja alles gut gegangen!". Eine vom Arbeitnehmer nach Zeugniserteilung erfolgreich abgeschlossene Stellensuche ändert aber nichts an dessen Anspruch auf Erteilung eines korrekten Arbeitszeugnisses gegenüber seinem alten Arbeitgeber!

Die aus diesem Urteil zu ziehende Schlussfolgerung muss meines Erachtens folgende sein: Rein orthografische Fehler sind dann hinzunehmen, wenn sie auf den Inhalt des Zeugnisses keine Auswirkung haben, wie es im Falle des „integeren" bzw. „integren" Verhaltens vorlag.

Ebenfalls zu den Schreibfehlern, die vom Arbeitnehmer nicht akzeptiert werden müssen, gehört es, wenn im Zeugnis Personal- und Possessivpronomina wie z. B. „Ihr Aufgabenbereich. . .", „. . . hat Sie zu unserer. . . Zufriedenheit erledigt" etc. groß statt korrekterweise klein geschrieben werden; das Arbeitszeugnis ist nämlich – wie bereits festgestellt – ein Tatsachenbekenntnis zur Vorlage bei Dritten und keine in Briefform gehaltene Ansprache des Arbeitgebers an den Arbeitnehmer (i. Erg. ebenso: Schleßmann, S. 117). Auch hier ist anzumerken, dass wegen solcher Mängel eigentlich keine Auseinandersetzung zwischen Arbeitsvertragsparteien erforderlich sein sollte; die Praxis beweist jedoch nur allzu oft das Gegenteil (vgl. ArbG München Urt. v. 22.12.1999 – 22 Ca 16 456/99)!

Die **Textsprache** ist deutsch (vgl. ErfK/*Müller-Glöge* § 109 GewO Rn. 10). Dies gilt auch für ausländische Arbeitnehmer, da sich deren Arbeitsverhältnis in der Regel nach deutschem Arbeitsrecht richtet. Etwas anderes kann allenfalls dann gelten, wenn das Arbeitsverhältnis ausländischem Arbeitsrecht unterstellt wird; hier kann in bestimmten Ausnahmefällen ein Arbeitszeugnis in der Heimatsprache abzufassen sein, vorausgesetzt der Arbeitnehmer ist hierauf angewiesen und die fremdsprachige Zeugniserstellung ist zumutbar (vgl. Schleßmann S. 118).

## 3. Geheimzeichen und -merkmale

Der Arbeitgeber darf ein Arbeitszeugnis nicht mit Geheimzeichen oder ähnlichen Merkmalen versehen, durch die der Arbeitnehmer – ohne Worte – in positiver oder negativer Hinsicht gekennzeichnet werden soll. Nicht erlaubt ist also die Verwendung von Häkchen und Strichen, die z. B. die politische Gesinnung oder Gewerkschaftszugehörigkeit des Arbeitnehmers andeuten sollen. Dies ist ein allgemeiner Rechtsgrundsatz im Zeugnisrecht. Er ist zwar nun in § 109 Abs. 2 GewO ausdrücklich enthalten, hat aber – schon auf Grund der Fürsorgeverpflichtung des Arbeitgebers – Gültigkeit für alle Arbeitnehmer (vgl. Schaub/*Linck* ArbR-Hdb. § 147 Rn. 17; MüKoBGB/*Henssler* § 630 Rn. 34).

Zu diesem Problemkreis wird zwar zum Teil vertreten, dass die Angst vor solchen geheimen Merkmalen „völlig praxisfern" sei (so:

Gertoberens in Süddeutsche Zeitung Nr. 111 vom 14./15.5.1988, S. 34, allerdings ohne Begründung!) bzw., dass es „heutzutage... solche Absprachen nicht geben“ könne (so: Schleßmann BB 1975, 329); Schleßmann gibt aber als Begründung unter anderem auch lediglich an, dass eine Geheimpraxis nicht durchführbar sei, denn: „Nicht einmal die in Groß- und Mittelbetrieben für Zeugnisabfassung zuständigen Personalleiter stellen eine homogene Gemeinschaft dar, die sich zu den behaupteten Manipulationen hergeben würde. Die Interessenvielfalt ist auch zu groß, um absprachefähige Regeln zu ermöglichen“ (Schleßmann BB 1975, 329). Bei näherer Betrachtung wird deutlich, dass auch Schleßmann tatsächlich keine Begründung für seine Meinung liefert, sondern lediglich vom Ergebnis her argumentiert; Gertoberens wiederum ist entgegenzuhalten, dass die Angst vor Geheimzeichen gerade nicht „völlig praxisfern“, sondern – wie die tägliche Praxis zeigt – gerade weitverbreitet ist.

In diesem Zusammenhang ist darauf hinzuweisen, dass auch die Verwendung von Anführungsstrichen, Ausrufezeichen, Unterstreichungen u. ä. nicht zulässig ist. Hierdurch soll die wörtliche Aussage des Arbeitszeugnisses nicht selten in ihr Gegenteil verkehrt werden. Wird z. B. in einem Zeugnis die Tätigkeit des Arbeitnehmers als

„stellvertretender Geschäftsführer"

oder

„erster Verkäufer"

angegeben, bedeuten die Anführungsstriche nichts anderes, als dass sich der Arbeitnehmer zwar als solcher gerierte, ihm eine solche Position aber tatsächlich – auf Grund seines Arbeitsvertrags – gar nicht zustand. Die scheinbar positive Aussage erhält hier durch die Anführungsstriche nicht nur einen ironischen Beigeschmack, sondern schlichtweg negative Bedeutung. Entsprechendes gilt dann, wenn der Mitarbeiterin eines Bekleidungsgeschäfts bescheinigt wird:

„Frau J. ist eine überdurchschnittliche Verkäuferin und hat auch gute Verkaufserfolge erzielt!"

Auch hier wird die eigentliche Selbstverständlichkeit – gute Verkaufserfolge sind nicht gerade höchstes Lob – durch das Ausrufezeichen ins Gegenteil verkehrt; bei diesem Beispiel aus der Praxis kommt jedoch noch hinzu, dass das Zeugnis durch die zwei Adjektive „überdurchschnittlich" und „gut" widersprüchlich ist, was regelmäßig eine negative Kennzeichnung des Arbeitnehmers beinhaltet.

Verwendet der Arbeitgeber solche Tricks oder Codes, seien es Anführungs- oder Ausrufezeichen o. ä., kann der Arbeitnehmer das Zeugnis zurückweisen, d. h. er hat Anspruch auf Entfernung bzw. Neuerteilung. So entschied vor knapp 40 Jahren das ArbG Bochum (DB 1970, 1085). Im dortigen Fall erteilte der Arbeitgeber der Arbeitnehmerin ein Arbeitszeugnis mit der Beurteilung

„Führung und Leistung von Frau L. waren ausreichend!"

Das Gericht urteilte, dass das Ausrufezeichen die ohnehin dürftige Bewertung zweifelhaft erscheinen ließe, da an dieser Stelle nach den Regeln der Interpunktion kein Rufzeichen zu erwarten sei (im Erg. ebenso: ArbG München Urt. v. 22.12.1999 – 22 Ca 16 456/99; ErfK/*Müller-Glöge* § 109 GewO Rn. 16).

Einzuleiten ist das Arbeitszeugnis selbstverständlich mit der Überschrift, d. h. mit der **Bezeichnung** als „Zeugnis", „Zwischenzeugnis" etc. Das Zeugnis ist nicht in persönlicher Anredeform, sondern in der dritten Person abzufassen (vgl. LAG Düsseldorf LAGE Nr. 24 zu § 630 BGB).

## 4. Anrede und Titel des Arbeitnehmers

Männliche Arbeitnehmer sind im Zeugnis mit „Herr" zu bezeichnen. Weibliche Arbeitnehmer haben die Wahl, ob sie mit „Frau" oder „Fräulein" tituliert werden wollen.

Aufzunehmen sind in das Zeugnis auch akademische und öffentlich-rechtliche Titel (Dr., Prof. etc.). Wenn dem Absolventen einer Fachhochschule der Titel „Diplom-Ingenieur, Dipl. Ing." verliehen worden ist, darf dieser auch im Zeugnis nicht mit „Dipl. Ing., FH" tituliert werden (vgl. BAG AP Nr. 5 zu § 611 BGB – Persönlichkeitsrecht – = NZA 1984, 225 = DB 1984, 1783 = NJW 1985, 222). Betriebsinterne Titel (Direktor u. ä.) verlieren zwar – jedenfalls bei

Endzeugnissen – mit dem Ausscheiden an Berechtigung, können jedoch im Rahmen einer lückenlosen Positions- bzw. Tätigkeitsbeschreibung problemlos ins Arbeitszeugnis aufgenommen werden.

## 5. Unterschrift des Arbeitgebers

Abschließender Bestandteil des Arbeitszeugnisses ist die Unterschrift des Arbeitgebers (vgl. Hess. LAG ARST 1998, 142). Sie hat am Ende des Zeugnisses zu stehen; Nachträge (P.S.) sind nicht zulässig, da die Unterschrift das ganze Zeugnis umfassen muss. Wird das Zeugnis – wie üblich – mit Maschinenschrift geschrieben, so ist es auch in diesem Fall handschriftlich zu unterzeichnen. Die Unterschrift muss eigenhändig geleistet werden, § 126 Abs. 1 BGB. Zulässig sind nur Tinte, Filzstift oder Kugelschreiber, unzureichend ist die Verwendung eines Bleistifts oder eines Faksimiles.

Selbstverständlich darf auch die Unterschrift selbst nicht in verstümmelter Form, d. h. z. B. durch einen einfachen Strich o. ä., erfolgen; sie muss vielmehr ein individueller und den Unterzeichner charakterisierender Schriftzug sein. Diese Forderung mag lebensfremd erscheinen, hat jedoch ihren praktischen Hintergrund: Durch eine verzeichnete, z. B. völlig überdimensionierte Unterschrift (vgl. LAG Nürnberg DB 2005, 2476) könnte einem Dritten ein Signal gegeben werden, das als Geheimzeichen jedoch unzulässig ist. Ebenso muss der Name aus dem Schriftzug herauslesbar sein; wegen der weiteren Einzelheiten kann hier auf die entsprechend anzuwendenden Anforderungen der Rechtsprechung zur Unterschrift unter sog. bestimmenden Schriftsätzen verwiesen werden (vgl. BAG AP Nr. 46 zu § 518 ZPO).

Der Arbeitnehmer hat regelmäßig keinen Anspruch darauf, dass das Zeugnis vom Arbeitgeber persönlich unterschrieben wird. Dieser darf seinen Personalleiter als seinen Vertreter zur Unterschrift von Zeugnissen bevollmächtigen (LAG Frankfurt/M. ARST 1993, 140). In jedem Fall muss der Unterzeichner des Zeugnisses ranghöher sein als dessen Empfänger. Im Zeugnis ist deutlich zu machen, dass der Vertreter des Arbeitgebers gegenüber dem Arbeitnehmer weisungsbefugt war (vgl. BAG AP Nr. 27 zu § 630 BGB = NZA 2002, 34

= DB 2001, 2450; LAG Hamm MDR 2000, 590). Dies gilt auch für den öffentlichen Dienst (vgl. BAG AP Nr. 32 zu § 630 BGB = NZA 2006, 436 = NJW 2006, 2427). Im Falle eines e. V. ist dies regelmäßig ein Mitglied des Vereinsvorstandes (vgl. LAG Köln NZA 1995, 685 Ls.).

Wird ein qualifiziertes Zeugnis nicht vom Arbeitgeber selbst, sondern von einem Vertreter unterzeichnet, so muss dessen **Vertretungsmacht** erkennbar sein (vgl. LAG Düsseldorf DB 1969, 534). Sie muss sich aus dem Zeugnis selbst ergeben (z. B. durch den Zusatz „i. V.“, „i. A.“ etc.). Schließt das Arbeitszeugnis mit dem in Maschinenschrift angegebenen Namen des Ausstellers und seiner Funktion, so muss das Zeugnis von diesem persönlich unterzeichnet werden (vgl. BAG AP Nr. 23 zu § 630 BGB = NZA 2000, 257 = DB 2000, 282 = BB 2000, 411 = FA 2000, 126). Nach einem Beschluss des ArbG Köln vom 5.1.1968 (DB 1968, 543) haben direkt dem Vorstand unterstellte Mitarbeiter Anspruch darauf, dass ihr Arbeitszeugnis in angemessener Weise, d. h. vom Vorstandsvorsitzenden unterzeichnet wird. Hierbei soll auch das „normale“ Geschäftspapier nicht ausreichen, sondern nur der vom Vorstand üblicherweise benutzte Vorstandsbogen.

Im Einzelfall ist der Arbeitgeber sogar unter Umständen verpflichtet, Geschäftspapier nachdrucken zu lassen, wenn der Arbeitnehmer z. B. wegen zwischenzeitlicher Firmenänderung und geändertem Briefpapier ein unzutreffendes Arbeitszeugnis erhalten würde und Schaden erleiden könnte. Hier wird es sich zwar um eine recht seltene Ausnahmesituation handeln; bis zur Grenze des Missbrauchs bzw. der Verwirkung (siehe oben S. 34 ff.) dürfte ein solcher Anspruch des Arbeitnehmers jedoch bestehen.

## 6. Entwurf des Arbeitnehmers

Möglich ist auch, dass der Arbeitnehmer nicht nur einen Entwurf zum Arbeitszeugnis liefert, sondern ein Zeugnis auf Geschäftspapier selbst anfertigt, welches dann durch Unterzeichnung des Arbeitgebers bzw. dessen Vertreter anerkannt und rechtsgültig wird (vgl. Schulz in Anm. zu BAG AP Nr. 33 zu § 630 BGB).

Zum Zeugnisaufbau sei auf die im Anhang (S. 161 ff.) abgedruckten Zeugnismuster verwiesen.

Die vorstehenden Ausführungen gelten sowohl für das End- wie das Zwischenzeugnis als auch für endgültiges und vorläufiges Zeugnis.

## 7. Notwendige weitere Zeugnisbestandteile

Sowohl beim einfachen als auch beim qualifizierten Arbeitszeugnis ist die **Person des Arbeitnehmers** mit Vorname, Nachname, Beruf und – falls vorhanden – akademischem Grad anzugeben. Das Geburtsdatum wird zwar in der Praxis fast immer „automatisch mitgeliefert", darf aber nur nach Absprache mit dem Arbeitnehmer eingefügt werden. Ohne Zustimmung dürfen weder die Anschrift, der Geburtsort noch der Geburtsname weiblicher oder auch männlicher Arbeitnehmer/innen aufgenommen werden: Diese Angaben haben mit dem Arbeitsverhältnis nichts zu tun und unterliegen der Selbstbestimmung jedes Einzelnen! Das hier oft gebrauchte Argument, zur Vermeidung von Verwechslungen seien Geburtsdatum und -ort in jedem Fall aufzuführen, überzeugt nicht: Die Situation, dass sich zwei Arbeitnehmer mit demselben Namen und derselben Berufsbezeichnung aus derselben Firma bei demselben neuen Arbeitgeber um denselben Arbeitsplatz bewerben, dürfte wohl zum einen rein theoretisch und zum anderen – falls sie tatsächlich eintreten sollte – leicht auf Grund anderer Unterlagen (Lebenslauf etc.) aufzuklären sein. Deshalb: Zurückhaltung im Umgang mit persönlichen Arbeitnehmer-Daten!

Die **Anschrift des Arbeitnehmers** kann sich ändern und ist deshalb weder im Zeugnistext noch im Briefkopf anzugeben. Letzteres deshalb nicht, weil Arbeitszeugnisse üblicherweise ausgehändigt oder mit einem Begleitschreiben versandt werden, nicht jedoch als an den Arbeitnehmer gerichteter Brief zu gestalten sind. Ausgehend von dieser allgemeinen Handhabung lässt die Versendung eines solchen „Zeugnisbriefes" darauf schließen, dass es wegen dessen Inhalt zwischen Arbeitnehmer und Arbeitgeber Auseinandersetzungen gegeben hat und das Zeugnis deshalb erst nachträglich übersandt wurde. Dieser Eindruck darf aber weder durch Andeutungen im Text noch durch die äußere Gestaltung hervorgerufen werden (ebenso: LAG Hamburg NZA 1994, 890; LAG Hamm NZA-RR 1998, 151).

Das Zeugnis hat selbstverständlich jedoch die **volle Firmenbezeichnung,** die jeweilige Rechtsform sowie die aktuelle Anschrift zu tragen; dies bereitet keine Probleme bei der – oben bereits behandelten – Verwendung von üblichem Geschäftspapier; bei neutralem Schreibbogen sind diese Angaben dem Firmenstempel hinzuzufügen.

Der Ausstellungsort ist ausdrücklich nur dann zu benennen, wenn dieser von dem aus dem Briefkopf ersichtlichen (Haupt-) Firmensitz abweicht. Dies kann z. B. der Fall sein, wenn der Arbeitnehmer am Ort einer Niederlassung im Sinne des § 21 ZPO beschäftigt wurde, von der aus auch die Personalverwaltung selbstständig erledigt wird.

Die Art des Arbeitszeugnisses ist zu kennzeichnen; dies wird durch die Vorausstellung des Begriffs „Zeugnis" (als Endzeugnis) bzw. „Zwischenzeugnis" üblicherweise als Überschrift vorgenommen (siehe oben S. 64).

## 8. Insbesondere: Das Ausstellungsdatum

Das Ausstellungsdatum gehört ebenfalls – bei allen Zeugnisarten – zu den Essentialien. Ihm kommt besondere Bedeutung zu: Grundsätzlich ist der Tag der tatsächlichen Zeugniserstellung anzugeben. Dies bereitet beim Zwischenzeugnis normalerweise keine Probleme.

Beim (End-)Zeugnis wird der Tag der Ausstellung regelmäßig wenn nicht der Letzte, so doch einer der letzten Tage des Arbeitsverhältnisses sein. Auch hier gibt es zumeist keine Probleme, wenn tatsächliche und rechtliche Beendigung des Arbeitsverhältnisses identisch sind. Fallen diese Daten auseinander und wird das Zeugnis anlässlich des tatsächlichen Arbeitsendes erteilt (z. B. wegen Freistellung, Einbringung von Resturlaub o. ä.), so hat es natürlich dieses Datum zu tragen. Zur Vermeidung von Missverständnissen sollte das Ausstellungsdatum mit dem Datum der Beendigung des Arbeitsverhältnisses übereinstimmen (vgl. Weuster/Scheer, S. 124). Dies gilt auch dann, wenn bis zum rechtlichen Ende eine erhebliche zeitliche Differenz besteht. Eine Vordatierung ist nicht zulässig und würde gegen den Grundsatz der Zeugniswahrheit verstoßen.

Ebenso ist eine **Rückdatierung** des Zeugnisses grundsätzlich nicht möglich (a. A. MüKoBGB/*Henssler* § 630 BGB Rn. 28). Verlangt z. B. der Arbeitnehmer sein Arbeitszeugnis erst mehrere Wochen nach Beendigung seines Arbeitsverhältnisses, so hat der Arbeitgeber das Datum der tatsächlichen – späteren – Erteilung und nicht das des Arbeitsendes einzusetzen (vgl. LAG Bremen LAGE Nr. 6 zu § 630 BGB; Schleßmann, S. 123). Verlangt aber der Arbeitnehmer sein Zeugnis rechtzeitig, erteilt es der Arbeitgeber jedoch verspätet, ist bei der Neufassung das rechtliche Ende des Arbeitsverhältnisses als Ausstellungsdatum zu nennen (vgl. ArbG München Urt. vom 24.2.1999 – 27 Ca 10 770/98).

Gänzlich anders liegt der Fall, wenn der Arbeitgeber durch ein arbeitsgerichtliches Urteil verpflichtet wurde, ein dem Arbeitnehmer zuvor erteiltes Arbeitszeugnis neu zu erteilen (weitergehend: MüKo BGB/*Henssler*, § 630 BGB Rn. 28, der die Wahrheitspflicht nur auf den Inhalt des Zeugnisses, nicht auf die äußere Form bezieht). Der Tenor eines solchen Urteils lautet entsprechend dem korrekten Klageantrag des Arbeitnehmers z. B.:

„... Die Beklagte wird verurteilt, das dem Kläger unter dem 31.12.2013 erteilte Arbeitszeugnis mit folgender Änderung neu zu erteilen:...".

Hier wird deutlich, dass in dem Beispielsfall das Zeugnis vom 31.12.2013 neu zu erteilen ist, und zwar als neues Zeugnis vom 31.12.2013 und nicht als ein Zeugnis z. B. vom 17.4.2007! Damit ist aber auch klar, dass hier gar kein Fall einer Rückdatierung im eigentlichen Sinne vorliegt. Es ist ja ein Zeugnis mit verändertem Inhalt unter demselben Datum – das ja nicht „vorverlegt" bzw. „zurückverlegt" wird – zu erstellen; eine unzulässige Rückdatierung liegt also schon tatbestandlich nicht vor (im Ergebnis ebenso: ArbG Karlsruhe NZA 1986, 169).

Entsprechendes gilt für den Fall eines **gerichtlichen oder außergerichtlichen Vergleichs,** durch den sich der Arbeitgeber zur Zeugniserteilung verpflichtet und durch den dessen Inhalt festgelegt wird. In diesem können die Parteien vereinbaren, dass das Arbeitszeugnis ein bestimmtes Datum tragen soll; eine Täuschung des Nachfolgers tritt nicht ein (h. M., vgl. MüKoBGB/*Henssler* § 630 Rn. 29; a. A. Schleßmann, S. 124). Dieses Verfahren wird in der überwiegenden Anzahl, insbesondere bei der Protokollierung arbeitsgerichtlicher Vergleiche einvernehmlich von den Parteien angewandt.

Fordert der Arbeitnehmer hingegen das Zeugnis erst erhebliche Zeit nach Beendigung des Arbeitsverhältnisses erstmalig beim Arbeitgeber an, so hat er keinen Anspruch auf Angabe eines zurückliegenden Ausstellungsdatums; dies wäre der klassische Fall einer Rückdatierung und deshalb unzulässig (vgl. LAG Frankfurt DB 1955, 484; LAG Hamm DB 1969, 886 = BB 1969, 581). In diesem Zusammenhang verdient insbesondere Beachtung das – unveröffentlichte – Urteil des LAG Frankfurt vom 12.3.1982 – 6 Sa 1130/81:

Im dortigen Fall hatte die zum 31.12.1979 ausgeschiedene Arbeitnehmerin unter dem 15.1.1980 ein Arbeitszeugnis erhalten, mit dem sie sich nicht einverstanden erklärte. Mit ihrer Klage vom 14.4.1980 verlangte sie ein Zeugnis, das im Wesentlichen dem ihr zuvor erteilten Zwischenzeugnis vom 15.11.1979 entsprach, ohne jedoch ein bestimmtes Ausstellungsdatum in ihren Klageantrag mitaufzunehmen. Mit rechtskräftigem Urteil vom 16.1.1981 entsprach das LAG im 1. Prozess größtenteils der Klage. Nachdem der unterlegene Arbeitgeber am 2.3.1981 zunächst ein unzureichendes, weil vom Urteilstenor des LAG abweichendes Zeugnis erteilt und die Klägerin die Zwangsvollstreckung eingeleitet hatte (siehe hierzu S. 131), erhielt diese unter dem 13.5.1981 dann ein Zeugnis, das dem Urteil genau entsprach.

Mit ihrer zweiten Klage vom 1.7.1981 verlangte die Arbeitnehmerin nochmals Erteilung desselben Arbeitszeugnisses, jedoch mit einem näher am Ende ihres Arbeitsverhältnisses (31.12.1979) liegenden Ausstellungsdatum. Sie begründete dies damit, dass die große Datendiskrepanz zwischen ihrem Ausscheiden am 31.12.1979 und dem Zeugnisdatum vom 13.5.1981 auf den ersten Blick erkennen ließe, dass sie wegen ihres Zeugnisses habe prozessieren müssen; zumindest würden Rückfragen künftiger Arbeitgeber hierwegen geradezu provoziert und benachteiligten sie in ihrem beruflichen Fortkommen, zumal nicht sie, sondern der beklagte Arbeitgeber die Zeugniserteilung erst 1½ Jahre nach ihrem Ausscheiden zu vertreten habe. Die Klägerin beantragte, die Beklagte zu verurteilen, das unter dem 13.5.1981 erteilte Zeugnis mit Datum vom 31.12.1979 auszustellen, hilfsweise die Beklagte zu verurteilen, das erteilte Zeugnis mit Datum vom 15.1.1980 zu versehen. Die Beklagte beantragte, die Klage abzuweisen und begründete dies damit, dass ein Zeugnis, welches nicht unter dem wahren Ausstellungsdatum erteilt wurde, unwahr sei und der Rückschluss von der oben genannten Datendiskrepanz auf einen Zeugnisprozess nicht zwingend sei.

Sowohl das Arbeitsgericht als auch das LAG Frankfurt gaben dem Hilfsantrag der Klägerin statt, nachdem der Hauptantrag abgewiesen wurde. Das LAG stellte zunächst fest, dass im Hinblick auf das Zeugnisdatum ein „schwer erträgliches Dilemma“ zwischen dem Wahrheitsgebot und der Fürsorgepflicht des Arbeitgebers in einem Fall wie dem vorliegenden entstehen kann. Zwar sei der Datendiskrepanz nicht direkt der vorherige Zeugnisrechtsstreit zu entnehmen; Rückfragen durch „umsichtige Personalchefs“ und damit ein erhebliches Benachteiligungsrisiko gegenüber anderen Bewerbern seien jedoch unmittelbar zu befürchten. Das LAG führte in seiner Urteilsbegründung weiter aus:

> „In einem solchen Fall widerspräche es jeder Billigkeit, der nur formellen Wahrheitspflicht hinsichtlich des Ausstellungsdatums Vorrang einzuräumen gegenüber dem Gebot der wohlwollenden Abfassung insgesamt.. . .
> Es wäre grob unbillig, wenn der vertragswidrig handelnde und „mauernde" Arbeitgeber nach Verlieren des Berichtigungsverfahrens schließlich durch die Datendiskrepanz zwischen Ausscheidensdatum und Ausstelldatum die Arbeitnehmerin doch noch unbillig in ihrem Fortkommen behindern könnte – wie das hier der Fall ist. In einem solchen Fall muss das Gebot nach formeller Wahrheit beschränkt für das Ausstellungsdatum hinter dem Gebot zu wohlwollender Abfassung ohne ungerechtfertigte Benachteiligungsgefahr ausnahmsweise zurücktreten."

Dieses Urteil des LAG Frankfurt verdient sowohl vom Ergebnis her als auch wegen der Begründung volle Zustimmung. Zu betonen ist aber, dass das Gericht nicht von einem grundsätzlichen **Vorrang des Wohlwollens vor der Wahrheitspflicht** des Arbeitgebers spricht, sondern diesen Vorrang hier ausdrücklich **auf das Ausstellungsdatum beschränkt.**

Als **Ergebnis** ist somit zum Ausstellungsdatum festzuhalten: Grundsätzlich ist bei allen Arbeitszeugnissen das Datum der tatsächlichen Erteilung zu nennen, Rück- und Vordatierungen sind ausgeschlossen. Durch Urteil oder gerichtlichen/außergerichtlichen Vergleich kann das Ausstellungsdatum bindend festgelegt werden. Insgesamt hat der Arbeitnehmer Anspruch auf Erteilung des Zeugnisses in angemessener Frist nach seinem Ausscheiden und nach seinem Verlangen; im Zweifel hat hier der Grundsatz der wohlwollenden Zeugniserteilung Vorrang vor der Wahrheitspflicht (LAG Frankfurt aaO.).

Ein vom Arbeitgeber berichtigtes Zeugnis ist auf das ursprüngliche Ausstellungsdatum zurückzudatieren, wenn die verspätete Ausstellung nicht vom Arbeitnehmer zu vertreten ist (BAG AP Nr. 19 zu § 630 BGB = NZA 1993, 698 = DB 1993, 644 = BB 1993, 729; ebenso: LAG Nürnberg LAGE Nr. 21 zu § 630 BGB), wie z. B. nach einem arbeitsgerichtlichen Zeugniserteilungs- oder -berichtigungsprozess.

### 9. Beglaubigung/Dienstsiegel

Eine öffentliche Beglaubigung ist heutzutage weder vorgeschrieben noch üblich. Im öffentlichen Dienst erhalten Dienstzeugnisse üblicherweise noch ein Dienstsiegel (zum Dienstsiegel auf Kündigungen siehe BAG NZA 1989, 143).

## XI. Das einfache Zeugnis

### 1. Allgemeines

Im Allgemeinen werden die Arbeitszeugnisse nach ihrem Inhalt einerseits sowie dem Anlass bzw. Zeitpunkt ihrer Erteilung andererseits wie folgt unterschieden:

- inhaltlich ist das „einfache“ vom „qualifizierten“ Zeugnis zu trennen (siehe im Folgenden)

- zeitlich unterscheidet man zwischen „vorläufigem" (siehe oben S. 29), „endgültigem" (oben S. 127) Zeugnis einerseits und dem „Zwischenzeugnis" (oben S. 130) andererseits.

Das einfache Zeugnis ist nach den gesetzlichen bzw. tariflichen Vorschriften immer dann zu erteilen, wenn der Arbeitnehmer lediglich ein solches einfaches Zeugnis verlangt, also nicht ausdrücklich ein Zeugnis mit Aussagen zu seiner Leistung und seinem Verhalten, ein qualifiziertes Zeugnis, beansprucht. Der Arbeitgeber muss dem Arbeitnehmer wunschgemäß das einfache oder das qualifizierte Zeugnis erteilen. Darauf, dass der Arbeitnehmer ein nicht verlangtes Arbeitszeugnis zurückweisen kann, wurde bereits hingewiesen (siehe oben S. 41 ff.).

Das einfache Zeugnis verhält sich zum qualifizierten Zeugnis nicht wie ein „Weniger" zum „Mehr"; das einfache ist kein „kleines qualifiziertes Zeugnis", das qualifizierte ist kein „großes einfaches Zeugnis". Am besten wird das qualifizierte Zeugnis als inhaltlich erweitertes einfaches Zeugnis bezeichnet (so auch: Ruppert, PersV 1983, 443).

Dagegen ist das **Referenzzeugnis** als Gefälligkeitszeugnis kein Arbeitszeugnis im eigentlichen Sinn und lässt den Anspruch des Arbeitnehmers auf Zeugniserteilung unberührt.

Die nachfolgenden Ausführungen beschäftigen sich zunächst mit dem einfachen Zeugnis. Sie gelten aber für das später zu behandelnde qualifizierte Zeugnis entsprechend (siehe unten S. 85 ff.): Art und Dauer der Tätigkeit des Arbeitnehmers sind nämlich bei beiden Zeugnisarten anzugeben; die Darstellung des qualifizierten Zeugnisses befasst sich zusätzlich mit Leistung und Verhalten im Arbeitsverhältnis. Sämtliche Hinweise zur äußeren Form und zum notwendigen Inhalt (oben S. 57) gelten für alle Arbeitszeugnisse.

## 2. Art und Dauer der Beschäftigung

Das einfache Zeugnis hat sich auf Art und Dauer der Tätigkeit zu erstrecken. Hierzu ist eine präzise Beschreibung der dem Arbeitnehmer übertragenen bzw. von diesem erledigten Aufgaben abzugeben. Der unbeteiligte Leser eines jeden Arbeitszeugnisses muss sich ein genaues Bild über Art und Umfang der Tätigkeit des Arbeitnehmers machen können (Hohmeister PersR 1992, 399). Der Arbeitgeber ist hierbei in der Wahl seiner Worte zwar frei, ein Beurteilungsspielraum besteht – anders als bei Führung und Leistung (siehe unten S. 92 f.) – hier allerdings nicht (vgl. BAG AP Nr. 11 zu § 630 BGB = DB 1976, 2211). Hierzu gehört vor allem die exakte Angabe der bekleideten Position bzw. des besetzten Arbeitsplatzes. Darauf, dass akademische und gegebenenfalls auch betriebsinterne Titel in das Zeugnis aufzunehmen sind, wurde bereits eingegangen (siehe oben S. 64).

Bei Geltung eines Tarifvertrages kann zur Beschreibung der Tätigkeit auch auf die Merkmale bzw. Definitionen z. B. in einem Mantel- oder einem Lohn-/Gehaltstarifvertrag zurückgegriffen werden. Zu betonen ist in diesem Zusammenhang, dass der Arbeitgeber die zuletzt vom Arbeitnehmer innegehabte Tarifgruppe angeben muss, wenn – aber nur dann – dieser deren Erwähnung im Zeugnis wünscht (vgl. Ruppert, aaO.). Dies kann z. B. durch den Vermerk „... und wurde zuletzt gemäß Entgeltgruppe 12 TVöD bezahlt... “ erfolgen. Große Bedeutung kommt dem allerdings nicht zu: Zum einen wird in Vorstellungsgesprächen heutzutage nach den Gehaltsvorstellungen des Arbeitnehmers gefragt, die sich ja regelmäßig am letzten Einkommen zumindest orientieren. Zum anderen erfolgt mit der alleinigen Angabe einer Tarif- bzw. Entgeltgruppe meistens keine abschließende Offenlegung des Gehalts, da üblicherweise zusätzliche Leistungen wie übertarifliche Zulagen, Orts-, Zeit- u. ä. Zuschläge etc. bezogen werden. Diese sind nicht – auch nicht auf Wunsch des Arbeitnehmers – im Zeugnis zu vermerken, da sie einerseits Betriebsgeheimnisse darstellen können und andererseits auch nicht in unmittelbarem Zusammenhang mit Art und Dauer der Beschäftigung stehen: Werden nämlich Prämien/Zulagen für erbrachte Arbeitsleistungen bezahlt, hat sich dies in der Beurteilung der beim qualifizierten Zeugnis zu bescheinigenden Leistung niederzuschlagen, nicht jedoch „in barer Münze“!

Bei der **Berufsbezeichnung** reicht keinesfalls die alleinige Angabe des Berufs (Buchhalter, Krankenschwester, Sportlehrer etc.). Hinzukommen muss der konkrete Arbeitseinsatz (z. B. als Debitorenbuchhalter in der Auslandsabteilung). Einer Stenotypistin beispielsweise ist zu bestätigen, dass sie direkt im Vorzimmer des Chefs oder Abteilungsleiters als Sekretärin auch die Fremdsprachenkorrespondenz erledigt hat. Dies dient zur Abgrenzung von reiner Schreibtischtätigkeit mit lediglich deutscher Korrespondenz. Bei einem Ingenieur ist auch die Nennung der Abteilung und der Art der Konstruktionsaufgaben erforderlich; entsprechendes gilt für kaufmännische Angestellte, bei denen die Bezeichnung als „Angestellter im Bürodienst/ Innendienst" nicht ausreicht (instruktiv insoweit: LAG Hamm LAGE Nr. 28 zu § 630 BGB).

Ferner ist unbedingt anzugeben, wenn die Tätigkeit **selbstständig** ausgeführt wurde; hierbei handelt es sich nicht um eine Angabe zur Arbeitsleistung wie im qualifizierten Zeugnis, sondern um eine Beschreibung der Aufgaben selbst.

Ebenso muss erwähnt werden, wenn der Arbeitnehmer besondere **Verantwortung** zu tragen hatte, sei es z. B. für Kassen, Lager etc.

**Leitungsbefugnisse** sind ebenfalls anzugeben; dies geschieht in der Regel durch Benennung des von der Leitung umfassten Bereichs (z. B. „... als Leiter der Münchner Niederlassung...", „... als Leiter unserer Rechtsabteilung..." etc.). Hier gilt generell: Je umfangreicher Leitungs- bzw. Verantwortungsbereiche sind, desto ausführlicher sollte ihre Beschreibung sein. Ein Anspruch auf bestimmte Formulierungen besteht aber nicht (vgl. BAG AP Nr. 6 zu § 630 BGB = DB 1971, 1923 = BB 1971, 1280).

Nimmt der Arbeitnehmer im Laufe seiner Beschäftigung **verschiedene Positionen** bzw. Arbeitsplätze ein, so ist deren zeitliche Abfolge aufzuführen. Dies kann z. B. dadurch geschehen, dass zunächst die Anfangsstellung („... trat in unser Unternehmen als Vorstandsassistent ein..."), dann eine spätere Position („... war ab 1995 als Firmensprecher eingesetzt...") und schließlich die letzte Tätigkeit („... war von 2005 bis zum Ende seiner Beschäftigung als Pressechef tätig...") aufgezählt werden. Sofern sich auf Grund der Positionswechsel – wie im gebildeten Beispiel – ein beruflicher Aufstieg abzeichnet, ist dieser vollständig darzustellen. Umgekehrt ist der Widerruf einer Prokura im Zeugnis nicht zu erwähnen (vgl. BAG AP Nr. 27 zu § 630 BGB = NZA 2002, 34 = DB 2001, 2450; a. A.:

LAG Baden-Württemberg LAGE Nr. 17 zu § 630 BGB = NZA 1993, 127 = DB 1993, 1040 mit krit. Anm. Pfleger: Ausschließlich die für das Arbeitsverhältnis typischen Verhältnisse sind nachzuzeichnen).

Ist der Arbeitnehmer mit verschiedenen, wechselnden Tätigkeiten beauftragt worden, hat er Anspruch darauf, dass zumindest die bedeutendsten, die Haupttätigkeiten genannt werden. Im Falle einer solchen gemischten Tätigkeit (z. B. bei Chauffeur und Butler in einer Person!) darf der Arbeitgeber keine getrennten Zeugnisse ausstellen, der Arbeitnehmer hat vielmehr Anspruch auf Erteilung eines einheitlichen Zeugnisses (vgl. LAG Frankfurt DB 1969, 887 = BB 1968, 1039).

## 3. Fortbildungsveranstaltungen

Auch die Teilnahme an Fortbildungsveranstaltungen ist im Zeugnis zu erwähnen (ebenso: Schleßmann, S. 59): Hier sind Art, Dauer und Abschluss zu bezeichnen. Der Träger der besuchten Seminare, Kurse etc. darf nur auf Wunsch des Arbeitnehmers genannt werden. Dies hat seinen Grund darin, dass z. B. bei der Angabe von gewerkschaftlich organisierten Veranstaltungen sofort der Rückschluss auf eine Gewerkschaftszugehörigkeit des Arbeitnehmers gezogen werden kann, was jedoch nachteilig für eine Bewerbung sein mag (vgl. hierzu die Darstellung des „DGB-Eingangsstempel-Falles“ des LAG Hamm, abgedruckt in LAGE Nr. 5 zu § 630 BGB, oben S. 46 ff.). Ebenso wie ein gewerkschaftlicher Träger nicht – bzw. nur auf Wunsch des Arbeitnehmers – erwähnt werden darf, muss auch eine Nennung von Veranstaltungsthemen oder -titeln unterbleiben, aus denen in gleicher Weise auf Gewerkschaftsveranstaltungen und damit möglicherweise auch auf entsprechende Mitgliedschaft geschlossen werden kann (z. B. „Gewerkschaftliche Positionen zur Sonntagsarbeit“ etc.).

Regelmäßig werden ohnehin – schon um ein Arbeitszeugnis nicht zu überfrachten – besuchte Fortbildungsveranstaltungen lediglich erwähnt und auf entsprechende Nachweise verwiesen. Diese kann der Arbeitnehmer bei Bewerbungen z. B. durch die Vorlage von Zertifikaten, Teilnahmebescheinigungen usw. erbringen. Vorstehendes gilt allerdings nur für Fort- und Ausbildungsmaßnahmen, die im Zusammenhang mit dem Arbeitsverhältnis stehen. Es besteht kein Anspruch des Arbeitnehmers auf Erwähnung von staatsbürgerlichen bzw. der Allgemeinbildung dienenden Veranstaltungen (wie hier: Schleßmann, S. 59). Falls solche Seminare, Kurse etc. für einen angestrebten Arbeitsplatz von Bedeutung sein könnten, kann der Arbeitnehmer entsprechende Nachweise – unabhängig vom Arbeitszeugnis – jederzeit seinen Bewerbungsunterlagen beifügen oder in das Vorstellungsgespräch einfließen lassen.

## 4. Unterbrechungen des Arbeitsverhältnisses

Neben der Art der Tätigkeit ist im einfachen Zeugnis auch deren **Dauer** anzugeben. Sie ist selbstverständlich datumsmäßig genau festzulegen (d. h. z. B.: „Frau K. war in der Zeit vom 1.4.2007 bis zum 31.12.2012 als... bei uns tätig."); nicht ausreichend ist die alleinige Angabe des Beschäftigungszeitraumes (z. B. „... für die Dauer von zwei Jahren..."). Maßgeblich ist hierbei der rechtliche Bestand des Arbeitsverhältnisses, nicht etwa die möglicherweise kürzere, tatsächliche Beschäftigungsdauer. Dies ist von Bedeutung z. B. im Fall einer vom Arbeitgeber ausgesprochenen Freistellung des Arbeitnehmers für die Dauer der Kündigungsfrist. Hier ist als Enddatum nicht das Beschäftigungsende, sondern das rechtliche Ende zu benennen. Dies entspricht der herrschenden, jedoch nirgends näher begründeten Meinung (vgl. MüKoBGB/*Henssler* § 630 Rn. 26) und ergibt sich aus folgenden Überlegungen: Spricht z. B. der Arbeitgeber zugleich oder im Zusammenhang mit einer Kündigung eine Freistellung aus (d. h. eine Befreiung von der Pflicht zur Arbeitsleistung bei weiterhin vertragsgemäßer Vergütung), so ist er hierbei an keinerlei Fristen oder Daten gebunden. Zwar kann eine bezahlte Nichtbeschäftigung nicht nachträglich als Urlaub angerechnet werden (vgl. LAG Bremen BB 1960, 50), in der Terminwahl ist der Arbeitgeber grundsätzlich jedoch frei. Das bedeutet, dass es bei Maßgeblichkeit des tatsächlichen Beschäftigungsendes der Arbeitgeber allein in der Hand hätte, die im Arbeitszeugnis anzugebende Dauer des Arbeitsverhältnisses zu bestimmen: etwa bei einer ordentlichen Kündigung am 10.5. zum 30.6. und Freistellung ab dem 27.5. würde deren Datum im Zeugnis die ordentliche Kündigung verdecken und den Eindruck einer fristlosen Kündigung entstehen lassen. Dass dies nicht richtig sein kann, liegt meines Erachtens auf der Hand (ebenso: Schleßmann, S. 65 f.). Dem kann auch nicht entgegengehalten werden, dass im Zeugnis ja die Freistellung als solche erwähnt werden könne. Zum einen hat ein bezahlter Verzicht des Arbeitgebers auf die Arbeitsleistung des Arbeitnehmers weder mit Art und Dauer der Beschäftigung noch mit Führung oder Leistung des Arbeitnehmers etwas zu tun (zur Erwähnung der Freistellung wegen Betriebsratstätigkeit siehe unten S. 97); zum anderen würde die ausdrückliche Erwähnung einer Freistellung trotz ordentlicher Kündigung zweifellos ein negatives Bild auf den Arbeitnehmer werfen, was jedoch im klaren Widerspruch zur Verpflichtung des Arbeitgebers besteht, das Arbeitszeugnis wohlwollend zu formulieren.

Das Beispiel zeigt also: **Die Dauer des Arbeitsverhältnisses wird im Arbeitszeugnis allein durch dessen rechtlichen Bestand bestimmt!** Dies gilt im Übrigen für alle Arbeitsverhältnisse, und zwar unabhängig von der Art ihrer Beendigung. Bei Arbeitsverträgen, die durch Kündigung enden, ist im Falle einer ordentlichen Kündigung der letzte Tag der Kündigungsfrist (z. B. der 31.1., 28. oder 29.2., 31.3. usw. bei den monatlichen Kündigungsfristen gem. § 622 Abs. 2 BGB) anzugeben. Bei Ausspruch einer fristlosen Kündigung, die nicht im Wege einer Kündigungsschutzklage angegriffen wird und somit das Arbeitsverhältnis beendet, ist nicht das Datum ihrer Abfassung, sondern ihres Zugangs, im Falle einer mündlichen Erklärung deren Datum zu benennen (zur Erwähnung einer Kündigung im Zeugnis siehe unten S. 99). Endet das Arbeitsverhältnis auf Grund einer wirksamen Befristung des Arbeitsvertrages, so ist natürlich der letzte Tag gemäß der Befristungsabrede im Zeugnis anzugeben.

Endet das Arbeitsverhältnis auf Grund einer **auflösenden Bedingung,** d. h. z. B. durch Ablauf des Monats, in dem der Arbeitnehmer das 65. Lebensjahr vollendet (vgl. hierzu Schlüter/Belling NZA 1988, 297 und Stahlhacke DB 1989, 2329), ist als Enddatum natürlich der letzte Tag des betreffenden Monats und nicht der des Geburtstages zu benennen.

Noch zur Dauer des Arbeitsverhältnisses gehört, dass **Unterbrechungen** durch Krankheiten oder Urlaube – unabhängig von ihrer Länge – nicht in das Arbeitszeugnis gehören (wie hier: MüKoBGB/*Henssler* § 630 Rn. 26). Da Urlaubs- bzw. Krankheitszeiten das Arbeitsverhältnis in seinem rechtlichen Bestand unberührt lassen, ist meines Erachtens eine Differenzierung nach ihrer Länge gerade nicht vorzunehmen (vgl. umfassend hierzu S. 106 ff.).

Dasselbe gilt im Falle der Einberufung des Arbeitnehmers zum Wehr- und Zivildienst: Auch diese Unterbrechung ändert am Bestand des Arbeitsverhältnisses nichts (zum hier gegebenen Anspruch auf ein Zwischenzeugnis siehe oben S. 31), auch sie darf daher nicht erwähnt werden. Für Wehrübungen und Bildungsurlaube, Besuch von Schulungsveranstaltungen sowie Teilnahme an Arbeitskämpfen gilt Entsprechendes. Nach Ansicht des BAG soll eine tatsächliche Ausfallzeit wegen Erziehungsurlaubs von 33,5 Monaten bei einem Arbeitsverhältnis von 50 Monaten Dauer im Zeugnis zu erwähnen sein (vgl. AP Nr. 30 zu § 630 BGB = NZA 2005, 1237 = DB 2005, 2474 = NJW 2005, 3659).

## 5. Beendigungsgründe und -modalitäten

Besondere Bedeutung haben Angaben zur Beendigung des Arbeitsverhältnisses. Hier ist zunächst genau zu unterscheiden zwischen Beendigungsgründen einerseits und Beendigungsmodalitäten andererseits: Erstere betreffen das „Warum“, Letztere das „Wie“, die äußeren Umstände der Vertragsauflösung.

Als Beendigungsgrund für den Arbeitgeber kann beispielsweise ein Vertragsbruch eine Unterschlagung o. ä. durch den Arbeitnehmer (vgl. im einzelnen Schaub/*Linck* ArbR-Hdb. § 147 Rn. 26) in Betracht kommen; seitens des Arbeitnehmers kommt z. B. hartnäckiger Zahlungsverzug des Arbeitgebers o. ä. in Frage.

Als Modalitäten bzw. Umstände der Vertragsauflösung sind zu nennen: Fristlose oder ordentliche Kündigung durch Arbeitgeber oder Arbeitnehmer, gerichtlicher oder außergerichtlicher Vergleich bzw. Abwicklungs- oder Aufhebungsvertrag, arbeitsgerichtliches Auflösungsurteil, wirksame Befristung oder auflösende Bedingung. Nach Ansicht des LAG Frankfurt (AuR 1984, 53) dürfen Beendigungsgründe ohne „gerichtsförmige Feststellung" nicht in ein qualifiziertes Zeugnis aufgenommen werden.

**Hier gilt grundsätzlich,** dass über Entlassungsgrund und Beendigungsmodalität keine Angaben im Zeugnis gemacht werden dürfen, es sei denn, der Arbeitnehmer wünscht dies; in diesem Fall ist der Arbeitgeber sogar zur Erwähnung verpflichtet! Das LAG Köln entschied zutreffend in diesem Zusammenhang, dass bei einer Auflösung des Arbeitsverhältnisses durch Urteil auf einen Auflösungsantrag des Arbeitnehmers gem. §§ 9, 10 KSchG dieser beanspruchen kann, dass im Zeugnis die Beendigung als „auf seinen Wunsch" und positive Zukunftswünsche enthalten sind (vgl. LAG Köln LAGE Nr. 11 zu § 630 BGB). Dies gilt nach richtiger Ansicht in gleicher Weise für das einfache wie das qualifizierte Zeugnis!

Die Beendigungsgründe und -modalitäten dürfen und müssen nicht in das einfache oder qualifizierte Zeugnis aufgenommen werden. Beide haben weder mit Art und Dauer des Arbeitsverhältnisses noch mit Leistung und Verhalten des Arbeitnehmers im Arbeitsverhältnis etwas zu tun (wie hier: LAG Hamm LAGE Nr. 1 zu § 630 BGB = NZA 1986, 99; Schleßmann S. 82 und BB 1988, 1320). Auf ausdrücklichen Wunsch des Arbeitnehmers hingegen ist der Arbeitgeber verpflichtet, Angaben hierüber zu machen. Dies gilt insbesondere dann, wenn das Arbeitsverhältnis – z. B. nach vorangegangener fristloser Kündigung des Arbeitgebers – durch einen gerichtlichen Vergleich zum ordentlichen Kündigungstermin gegen Zahlung einer Abfindung endet. Hier hat der Arbeitnehmer Anspruch darauf, dass im Zeugnis bestätigt wird, dass das Arbeitsverhältnis „im beiderseitigen Einvernehmen" beendet wurde (LAG Köln LAGE Nr. 11 § 630 BGB und LAG Baden-Württemberg DB 1968, 1319 = BB 1968, 872). Wenn sich die Arbeitsvertragsparteien im Prozess über eine verhaltensbedingte Kündigung auf einen Abfindungsvergleich verständigen, widerspricht es dem Wohlwollensgrundsatz, im Zeugnis anzugeben, die Beendigung sei auf Veranlassung des Arbeitgebers erfolgt (vgl. LAG Berlin NZA-RR 2007, 373). Meines Erachtens liegt hier sogar ein Verstoß gegen den Wahrheitsgrundsatz (siehe unten

S. 89 ff.) vor. Im Falle einer Festlegung dieser Formulierung durch Vergleich oder Urteil darf das Zeugnis aber keine Bezugnahme hierauf oder auf eine Zweitausfertigung enthalten (vgl. LAG Baden-Württemberg DB 1967, 48 = BB 1967, 161; ebenso: ArbG München Urt. v. 4.3.1997 – 15 Ca 959/97).

Es besteht meiner Ansicht nach aber auch kein Bedürfnis zur Aufnahme von Entlassungsgründen und/oder -umständen, vom **Wunsch des Arbeitnehmers** einmal abgesehen, und zwar aus folgenden, weiteren Überlegungen: Führt nämlich beispielsweise ein vertragswidriges Verhalten des Arbeitnehmers zum Ausspruch einer fristlosen Kündigung des Arbeitgebers, die entweder vom Arbeitnehmer nicht oder nicht erfolgreich vor dem Arbeitsgericht angegriffen wird, zur rechtswirksamen Beendigung des Arbeitsverhältnisses, kann der Arbeitgeber dies auch dadurch zum Ausdruck bringen, dass er zwar nicht die fristlose Kündigung, wohl aber das **exakte Datum des Vertragsendes** im Zeugnis angibt (LAG Düsseldorf LAGE Nr. 4 zu § 630 BGB = NZA 1988, 399 und LAG Köln LAGE Nr. 8 zu § 630 BGB = BB 1990, 856). Wie bereits oben (siehe S. 79 ff.) festgestellt, hat der Arbeitgeber im Arbeitszeugnis als Beendigungszeitpunkt, der zum notwendigen Zeugnisinhalt gehört, das Datum des rechtlichen, nicht des tatsächlichen Vertragsendes anzugeben. Benennt er z. B. in dem Endzeugnis eines Angestellten als letzten Tag des Arbeitsverhältnisses nicht den letzten Tag eines Monats (vgl. § 622 Abs. 2 BGB), sondern z. B. den 2.11.2013 oder 5.1.2014, wird klar, dass das Arbeitsverhältnis nur auf Grund einer fristlosen Kündigung des Arbeitgebers geendet haben kann (wenn nicht eine fristlose Kündigung des Arbeitnehmers ausdrücklich erwähnt wird). In einem solchen Fall bedarf es der Erwähnung der Kündigung nicht, da diese durch das Beendigungsdatum ohnehin „indiziert“ wird (ebenso: Schleßmann, S. 82). Das LAG Düsseldorf und das LAG Köln verneinen ebenfalls das Recht zur Angabe der fristlosen Kündigung auf Grund der Verpflichtung des Arbeitgebers, das berufliche Fortkommen des Arbeitnehmers nicht unnötig zu erschweren. In den Entscheidungsgründen führt das LAG Düsseldorf (LAGE Nr. 4 zu § 630 BGB = NZA 1988, 399) dazu u. a. aus:

> „Auch den beiden anderen eingangs dargestellten rechtlichen Grundsätzen der Warnfunktion sowie der Vermeidung von Schadensersatzansprüchen wird durch das Weglassen des Beendigungstatbestandes Rechnung getragen. Regelmäßig wird nämlich ein an der Anstellung des Arbeitnehmers interessierter Arbeitgeber an dem ungewöhnlichen Endigungsdatum (10.6.1985)... Anstoß nehmen und sich... durch eine Auskunftserteilung rückversichern" (LAG Düsseldorf aaO. ebenso: LAG Köln aaO.; zu Schadensersatzhaftung und Auskunftserteilung des Arbeitgebers, siehe unten S. 147 und S. 155).

Die ausdrückliche Angabe eines – negativen – Entlassungsgrundes bzw. der entsprechenden Beendigungsform verbietet sich im qualifizierten Zeugnis wegen der Pflicht zur wohlwollenden Zeugniserteilung außerdem auf Grund folgender, weiterer Überlegungen: In bestimmten Fällen hat nämlich der Arbeitgeber die Möglichkeit, Fehlverhalten des Arbeitnehmers bei der – nur im qualifizierten Zeugnis enthaltenen – Führungs- bzw. Leistungsbeurteilung einfließen zu lassen.

In diesem Sinne entschied auch das LAG Hamm den seinem Urteil vom 24.9.1985 – 13 Sa 833/83 (abgedruckt in LAGE Nr. 1 zu § 630 BGB = NZA 1986, 99) zugrundeliegenden Zeugnisberichtigungsstreit.

Der Prozess hatte folgende Vorgeschichte: Der Arbeitnehmer hatte am 15.9.1983 zum 31.12.1983 gekündigt, obwohl mit dem Arbeitgeber eine sechsmonatige Kündigungsfrist zum Halbjahresende vertraglich vereinbart worden war. Die Kündigung hatte er wegen der Annahme einer anderen, besser bezahlten Stelle ausgesprochen; er verließ seinen Arbeitsplatz tatsächlich auch am 31.12.1983. Die Kündigung konnte als ordentliche wegen Nichteinhaltung der vereinbarten Kündigungsfrist nicht zum 31.12.1983 das Arbeitsverhältnis beenden. Als fristlose Kündigung (mit Auslauffrist vom 15.9. zum 31.12.1983) war sie rechtsunwirksam, da kein wichtiger Kündigungsgrund im Sinne des § 626 Abs. 1 BGB vorlag. Nach der Rechtsprechung des BAG berechtigt nämlich die Tatsache, dass ein Arbeitnehmer ein anderes Arbeitsverhältnis mit erheblich höherem Gehalt nur dann eingehen kann, wenn er ein langfristig abgeschlossenes Vertragsverhältnis beendet, nicht zum Ausspruch einer außerordentlichen Kündigung aus wichtigem Grund gemäß § 626 BGB (vgl. BAG AP Nr. 59 zu § 626 BGB). Das LAG Hamm (aaO.) ging deshalb im anschließenden Zeugnisrechtsstreit davon aus, dass das tatsächliche Verlassen des Arbeitsplatzes durch den Arbeitnehmer einen Vertragsbruch darstellte. Nachdem vorgerichtlich keine Einigung über den Zeugnisinhalt zu erzielen war, beantragte der Arbeitnehmer im erstinstanzlichen Verfahren, dass aus dem ihm erteilten Arbeitszeugnis die Absätze

„Herr L. hat seinen Arbeitsplatz vertragswidrig und vorzeitig... zum 31.12.1983 verlassen"

und

„Insgesamt haben wir keine Bedenken, die Leistungen von Herrn L. als „befriedigend" zu bezeichnen"

zu streichen seien.

Nachdem das Arbeitsgericht seiner Klage in vollem Umfang stattgegeben hatte, verurteilte das LAG Hamm den Arbeitgeber auf dessen Berufung hin, dem Arbeitnehmer ein Zeugnis zu erteilen und statt der zwei oben zitierten, ursprünglichen Absätze wie folgt zu formulieren:

> „Herr L. hat unsere Gesellschaft aus eigenem Entschluss am 31.12.1983 verlassen, um sofort eine neue Tätigkeit aufzunehmen."

Das Urteil überzeugt sowohl im Hinblick auf das Ergebnis als auch hinsichtlich der Begründung.

Ergänzend ist festzustellen, dass der Arbeitgeber zur Streichung der Leistungsbeurteilung verurteilt wurde; diese war negativ und angesichts der Anführungsstriche („befriedigend") auch ironisch formuliert und daher zu entfernen (wie hier: ArbG Bochum DB 1970, 1085, oben S. 64; zur „Notenskala" siehe unten S. 109 ff.).

Zu der konkreten, dem Arbeitgeber vom LAG aufgegebenen Zeugnisformulierung ist zunächst nochmals festzuhalten, dass die Abfassung des Arbeitszeugnisses zwar grundsätzlich Sache des Arbeitgebers ist. Mit diesem Recht zur Formulierung korrespondiert aber auch eine entsprechende Verpflichtung des Arbeitgebers. Kommt er dieser Formulierungspflicht nicht gehörig nach, verliert er sein Recht an das Gericht. Da aber das Arbeitszeugnis ein einheitliches Ganzes ist, dessen Bestandteile nicht ohne Sinnentstellung bzw. -verzerrung auseinandergerissen werden können, sind die Gerichte zur Überprüfung und Neuformulierung des ganzen Zeugnisses befugt (vgl. BAG AP Nr. 1 zu § 73 HGB; ebenso LAG München ARST 1977, Nr. 1185). Aus diesem Grund konnte und musste das LAG dem Arbeitgeber die konkrete neue Zeugnisfassung vorschreiben (LAG Hamm aaO.). Das Gericht führt in den Entscheidungsgründen bzw. zu dem ursprünglich erteilten Zeugnis („vertragswidrig und vorzeitig... verlassen") unter anderem aus:

> Dennoch hielt die Kammer diese Formulierung für unzulässig, da dieser Absatz bei der Abwägung zwischen Wahrheitspflicht und Wohlwollen nicht ausreichend berücksichtigt, wie entscheidend ein Zeugnis für den Arbeitnehmer, insbesondere für seine berufliche Entwicklung, sein Weiterkommen und die freie Wahl seines Arbeitsplatzes sein kann. Von daher konnte sich die Kammer auch nicht entschließen, die Ersatzformulierung der Beklagten (d. h. des Arbeitgebers, Anm. des Verf.) „vorzeitig und ohne Einhaltung der Kündigungsfrist zuzulassen" (LAG Hamm aaO.).

Das Gericht verweist zur weiteren Begründung darauf, dass das erteilte Zeugnis im Übrigen schon negativ genug für den Arbeitnehmer formuliert war, da nämlich ein nicht ordnungsgemäßes Verhalten gegenüber seinen Vorgesetzten angedeutet sei: Im vorangegangenen Absatz hatte der Arbeitgeber lediglich bescheinigt, dass dessen Verhalten gegenüber Kollegen und Mandanten „stets ohne Tadel" war. Das LAG Hamm wörtlich:

> Diese Unterlassung ist deutlich und beinhaltet Tadel genug. Von daher braucht der Vertragsbruch nicht explizit in das Zeugnis aufgenommen zu werden. Es reichte unter Berücksichtigung aller Umstände ein milderer Hinweis, der für einen sorgfältigen Leser ohnehin noch aussagekräftig genug ist (LAG Hamm aaO.; ebenso LAG Hamm LAGE Nr. 8 zu § 630 BGB = BB 1990, 856).

**Das bedeutet:** Weder beim einfachen noch beim qualifizierten Arbeitszeugnis darf ohne entsprechenden Wunsch des Arbeitnehmers etwas über den Entlassungsgrund und die Beendigungsmodalitäten gesagt werden!

Darauf, dass der Arbeitnehmer einen Anspruch hat, dass diese Angaben im Zeugnis gemacht werden, wenn er dies wünscht, wurde bereits hingewiesen im Zusammenhang mit der einvernehmlichen, da durch arbeitsgerichtlichen Vergleich erfolgten Auflösung des Arbeitsverhältnisses zum ordentlichen Kündigungstermin gegen Abfindungszahlung nach vorangegangener fristloser Kündigung durch den Arbeitgeber (vgl. LAG Baden-Württemberg DB 1968, 1319 = BB 1968, 872 und LAG Köln LAGE Nr. 11 zu § 630 BGB, oben S. 79 f.).

Ausdrückliche Regelungen finden sich vereinzelt in Tarifverträgen, so z. B. im § 48 Abs. 2 TVAL II, dem Tarifvertrag für die Beschäftigten bei den Stationierungsstreitkräften (siehe oben S. 25): Danach ist auf Verlangen des Arbeitnehmers das Zeugnis sowohl auf Führung und Leistungen im Dienst als auch auf den Entlassungsgrund zu erstrecken. Auch hier darf also ohne den ausdrücklichen Wunsch des Arbeitnehmers keine Angabe über Beendigungsgrund und/oder -form im Zeugnis gemacht werden.

# XII. Das qualifizierte Zeugnis

## 1. Allgemeines

Wie bereits festgestellt wurde, ist das qualifizierte Zeugnis ein inhaltlich erweitertes einfaches Zeugnis: Es hat über die auch im einfachen Zeugnis enthaltenen Angaben hinaus eine **Beurteilung von Leistung und Verhalten** des Arbeitnehmers zu enthalten.

Wie ebenfalls schon dargelegt wurde, darf ein solches qualifiziertes Zeugnis nur auf Verlangen des Arbeitnehmers erteilt werden; ein nicht angefordertes, gleichwohl erteiltes qualifiziertes Zeugnis kann der Arbeitnehmer behalten oder zurückweisen, nach Erhalt eines einfachen Zeugnisses kann noch ein qualifiziertes Zeugnis gefordert werden und umgekehrt (siehe oben S. 42 f.).

Darauf, dass ohne ein ausdrückliches Verlangen, d. h. ohne entsprechende eindeutige Willenserklärung des Arbeitnehmers heutzutage regelmäßig anlässlich der Beendigung von Arbeitsverhältnissen quasi automatisch qualifizierte Arbeitszeugnisse erteilt werden, weist Schleßmann (S. 45) zu Recht hin. Dies bringt zumeist Zeitersparnisse deshalb, weil bei Aushändigung lediglich eines einfachen Zeugnisses der Arbeitnehmer ohnehin regelmäßig ein qualifiziertes Zeugnis nachfordert.

Das qualifizierte Zeugnis hat also neben den Angaben zu Art und Dauer der Tätigkeit auch Aussagen über Leistung und Verhalten des Arbeitnehmers im Arbeitsverhältnis zu machen. Daraus folgt, dass sich das Beurteilungsrecht des Arbeitgebers nur auf diesen Bereich erstreckt: **Dinge aus dem Privatleben** des Arbeitnehmers gehören **nicht** in das Arbeitszeugnis (vgl. LAG München ARST 1977 Nr. 1185); sie gehen weder den aktuellen bzw. ehemaligen noch einen zukünftigen Arbeitgeber etwas an!

Es ist nicht zulässig, in einem Arbeitszeugnis lediglich Angaben zu Leistung und Verhalten des Arbeitnehmers zu machen, Art und Dauer der Tätigkeit hingegen nicht zu erwähnen. Hier wird der Zeugnisanspruch mangels Einhaltung der essentiellen Zeugnisbestandteile nicht erfüllt. Außerdem stellt die im qualifizierten Zeugnis vorzunehmende Beurteilung von Leistung und Verhalten ein **einheitliches Ganzes** dar. Es darf also nicht bloß die Leistung oder lediglich das Verhalten des Arbeitnehmers bewertet werden (wie hier: Schleßmann, S. 71). Dies hat seinen Grund zum einen darin, dass oft eine Trennung beider Kriterien unmöglich ist; zum anderen hat der Arbeitnehmer Anspruch auf umfassende Beurteilung und soll sich ein potentieller neuer Arbeitgeber ein vollständiges Bild von dem Bewerber machen können. Aber auch ein ausdrücklicher Verzicht des Arbeitnehmers auf Bewertung z. B. seines Verhaltens ginge ins Leere: Da das Zeugnis wahr sein muss, hat es alle wesentlichen Tatsachen und Bewertungen zu enthalten, die von Bedeutung für die Gesamtbeurteilung des Arbeitnehmers sind (ganz h. M. so schon BAG Urteil vom 23.6.1960, NJW 1960, 1042). Aus dieser Feststellung folgt auch, dass sich die Bewertung von Leistung und Verhalten auf die gesamte Dauer des Arbeitsverhältnisses zu erstrecken hat. Dem das gesamte Zeugnisrecht beherrschenden Grundsatz der Zeugniswahrheit widerspräche es daher, das Arbeitszeugnis nur auf einen bestimmten Zeitraum eines langjährigen Arbeitsverhältnisses zu beschränken (vgl. LAG Frankfurt NZA 1985, 27; ebenso: Hohmeister PersR 1992, 399). Das bedeutet für den Arbeitnehmer, der die Erteilung eines qualifizierten Zeugnisses fordert, natürlich dann ein Risiko, wenn er z. B. sein Arbeitsverhältnis im Laufe der Zeit mit erheblichen Pflichtverletzungen oder Leistungsmängeln „belastet" hat: Er muss ja in einem solchen Fall wegen der Wahrheitspflicht des Arbeitgebers mit negativen Aussagen im Zeugnis rechnen (vgl. BAG NJW 1972, 1214). Unter solchen Umständen mag die Anforderung eines einfachen Zeugnisses vorteilhafter sein. Allerdings dürfen einmalige Vorfälle oder zufällige Begebenheiten, die für das Gesamtverhalten und die Gesamtleistung des Arbeitnehmers nicht von wesentlicher Bedeutung sind, nicht im qualifizierten Zeugnis erwähnt werden (MüKoBGB/*Henssler* § 630 Rn. 36). Es kommt hierbei nicht darauf an, ob es sich um positive oder negative Dinge handelt, wenn sie nicht charakteristisch sind; das gilt auch dann, wenn diese Umstände zur Lösung des Arbeitsverhältnisses geführt haben (ArbG Passau ARST 1975 Nr. 1047).

## 2. Langjährige Arbeitsverhältnisse

Bei langjährigen Beschäftigungszeiten – auch heutzutage sind Arbeitsverhältnisse mit einer Dauer von 20 oder 30 Jahren nicht selten – hat der Arbeitnehmer Anspruch auf Darstellung und Beurteilung des gesamten Vertragszeitraumes. Dies kann in Einzelfällen zu Problemen führen, weil der Arbeitnehmer möglicherweise mehrere Vorgesetzte „überlebt" hat bzw. Personalunterlagen und Beurteilungen nicht mehr (z. B. wegen Betriebsinhaberwechsels etc.) vorhanden sind. Hier ist der Arbeitgeber verpflichtet, Nachforschungen anzustellen und bei ausgeschiedenen Vorgesetzten zu ermitteln. Diese aus der Fürsorgepflicht des Arbeitgebers folgende Auflage darf allerdings nicht überstrapaziert werden.

Nicht zuzustimmen ist aber der von Schleßmann in diesem Zusammenhang vertretenen Ansicht, bei langjähriger Betriebszugehörigkeit „sollten nur die letzten, überschaubaren Jahre zur Beurteilung herangezogen werden" (Schleßmann S. 73). Diese aus Sicht des Arbeitgebers sicher sehr angenehme, weil praktikable Einschränkung läuft meines Erachtens dem Grundsatz der Zeugniswahrheit zuwider. Dem Verfasser werden in der täglichen Praxis oftmals Arbeitszeugnisse vorgelegt, die sich auf einen Beschäftigungszeitraum von über einem Vierteljahrhundert beziehen. Würde hier eine Beurteilung lediglich der letzten 3 Jahre ausreichen, müsste mancher Arbeitnehmer trotz jahrzehntelanger Betriebstreue mit nur durchschnittlichen Bewertungen rechnen! Es ist ja hinlänglich bekannt, dass altersbedingt die Leistungsfähigkeit – nicht unbedingt die Leistungsbereitschaft – abnehmen kann. Würde man z. B. beim Ausscheiden eines Arbeitnehmers wegen Erreichens des 65. Lebensjahres (zur Begründung und Beendigung des Arbeitsverhältnisses mit älteren Arbeitnehmern vgl. Rolfs in Beil. 1 zu NZA 2008 S. 8 ff.) dem Arbeitgeber erlauben, allein die letzten drei oder auch fünf Jahre einer beispielsweisen 30jährigen Tätigkeit zu beurteilen, könnte dieser es sich hierdurch zwar leicht, dem Arbeitnehmer jedoch das Leben damit sehr schwer machen. Es bestünde hier die Gefahr, dass z. B. die Bewertung der Leistungen des Arbeitnehmers verzerrt erscheint, weil nur ein für den Betroffenen uncharakteristisches Bild gezeichnet wird; dem aber steht die Wahrheitspflicht des Arbeitgebers entgegen. Es ist natürlich nicht zu verkennen, dass dem Problem dadurch etwas an Brisanz genommen wird, dass der Arbeitnehmer ja z. B. bei Vorgesetztenwechsel einen Anspruch auf Erteilung eines Zwischenzeugnisses hat (siehe oben S. 31). Da der Arbeitgeber von der darin enthaltenen Bewertung nicht ohne triftigen Grund abweichen kann (vgl. LAG München ARST 1977 Nr. 1185), werden solche Zwischenzeugnisse regelmäßig bei langen Beschäftigungszeiten als „Vorlage" bei der endgültigen Beurteilung dienen. Ein Rechtsanspruch auf „Abschreiben" bzw. Übernahme positiver Urteile existiert aber nicht. Darauf, dass nach der Rechtsprechung (vgl. LAG Düsseldorf DB 1963, 1260 = BB 1963, 1217) auch bei kürzesten, d. h. auch bei nur zwei Tage andauernden Arbeitsverhältnissen der Arbeitnehmer Anspruch auf Bewertung von Leistung und Verhalten hat, wurde bereits hingewiesen (siehe oben S. 9); empfehlenswert ist in solchen Fällen regelmäßig die Forderung lediglich eines einfachen Zeugnisses.

## 3. Beurteilung der Leistung

Das gesamte Zeugnis muss **wahr** sein. Die Tätigkeitsbeschreibung muss sich auf nachprüfbare Tatsachen stützen und ein auf diese Weise belegbares Urteil abgeben. Der Spielraum des Arbeitgebers ist – wie festgestellt – hier sehr viel enger als bei der Bewertung von Leistung und Verhalten.

Die Darstellung der Leistung des Arbeitnehmers – sie darf ohne Bewertung seines Verhaltens nicht erfolgen (LAG Düsseldorf LAGE Nr. 10 zu § 630 BGB) – wird immer ein Werturteil des Arbeitgebers enthalten; jedoch hat sich der Arbeitgeber um **Objektivität** zu bemühen.

Unter der Leistung sind Faktoren wie Leistungsfähigkeit (d. h.: Wissen, Können, Fertigkeiten etc.), Leistungsbereitschaft und berufliches Engagement (Besuch von Fortbildungen etc.) ebenso zu verstehen wie erzielte Erfolge, ohne dass ein Anspruch auf Nennung konkreter Zahlen besteht; diese sind in der Regel Betriebsgeheimnisse (vgl. LAG Saarland LAGE Nr. 9 zu § 630 BGB). Auch haben Aussagen zu Arbeitsquantität und -qualität, zu Arbeitstempo und -ökonomie zu erfolgen; ebenso kann die Bewertung des Verhandlungsgeschicks, der Überzeugungskraft, des Ausdrucksvermögens etc. erforderlich sein, wenn sie – je nach Beschäftigung – im Arbeitszeugnis zu erwarten ist. Der Arbeitgeber darf nämlich dort, wo mit einer Aussage allgemein gerechnet wird (z. B. zur Ehrlichkeit einer Kassiererin!), nicht schweigen (vgl. BAG AP Nr. 6 zu § 630 BGB). Zum sogenannten beredten Schweigen als Teil der Zeugnissprache (siehe unten S. 109); zur Notenskala und Verhaltensbewertung wird auf die Ausführungen im Abschnitt Zeugnissprache verwiesen (unten S. 108).

## 4. Wahrheit und Wohlwollen

Wenngleich der **Beurteilungsspielraum bei der Leistungsbeschreibung** unvermeidlich und größer als bei der Tätigkeitsdarstellung ist (h. M. vgl. nur BAG AP Nr. 6 und 11 zu § 630 BGB = DB 1976, 2211 = BB 1976, 1516), so ist er **gerichtlich** jedoch dahingehend

**überprüfbar,** ob sachfremde, sprich: willkürliche Überlegungen oder überzogene Maßstäbe zugrundegelegt wurden. Das bedeutet wiederum, dass der Arbeitgeber sich auch in diesem Bereich auf objektiv nachprüf- bzw. nachvollziehbare Kriterien stützen können muss; vermag er dies nicht, kann der Arbeitnehmer Berichtigung bzw. Neuerteilung des Zeugnisses verlangen. Der Arbeitgeber darf also **Verdachtsmomente,** auch wenn sie sich auf strafbare Handlungen des Arbeitnehmers beziehen sollten, ebenso wenig im Zeugnis erwähnen bzw. andeuten wie reine Behauptungen, Annahmen etc. (vgl. LAG Düsseldorf LAGE Nr. 2 zu § 109 GewO = DB 2005, 1799; MüKoBGB/*Henssler* § 630 Rn. 33). Im Allgemeinen kann der Arbeitnehmer außerdem verlangen, dass Pflichtverletzungen, die längere Zeit vor der Zeugniserteilung zurückliegen, nicht genannt oder angedeutet werden (sog. **Amnestiegedanke,** vgl. Schleßmann, S. 75 und BB 1988, 1320); man wird hier von einer Zeitspanne von ca. zwei Jahren – je nach Schwere des Vorfalls – ausgehen können (zu Straftaten/Ordnungswidrigkeiten siehe unten S. 103 f.).

Bei aller unvermeidlichen Subjektivität muss sich der Arbeitgeber – völlig emotionsfrei – um größtmögliche Objektivität bemühen. Es ist zwar grundsätzlich seine Sache, welche Fähigkeiten und Leistungen des Arbeitnehmers er besonders betonen will und welche er für weniger bedeutend hält. Auch legt der eine Arbeitgeber einen strengeren Maßstab an als der andere. Nachlässigkeit, Gleichgültigkeit oder gar Willkür bei der Wahl der Formulierungen – wie sie auch heute leider viel zu oft angetroffen werden – sind aber nicht nur moralisch verwerflich, sondern auch rechtlich unzulässig. Abgesehen davon tut sich kein Arbeitgeber einen Gefallen damit, dass er einen Arbeitnehmer im Arbeitszeugnis „herunterputzt": Er hat ihn ja in der Regel selbst eingestellt!

Das gesamte Zeugnisrecht wird aber außer durch den Wahrheitsgrundsatz noch durch ein weiteres Prinzip beherrscht: **Das Wohlwollen.** Arbeitszeugnisse haben nämlich nicht nur sachlich zutreffend, d. h. wahr zu sein; die Wahrheit muss wohlwollend formuliert sein, so zuletzt BAG Urt. v. 18.11.2014 – 9 AZR 584/13.

Dies bedeutet nun nicht, dass überhaupt nur noch positive, dem Arbeitnehmer günstige Bewertungen im Zeugnis auftauchen dürfen. Eine solche **Schönfärberei** ist zwar auch häufig in Arbeitszeugnissen anzutreffen; sie nutzt aber zum einen dem Arbeitnehmer nichts, da die klaren Aussagen und damit der Stellenwert des vielleicht sogar unglaubwürdigen Zeugnisses verwässert werden. Zum anderen setzt sich der Arbeitgeber mit nur beschönigenden Aussagen zweierlei Gefahren aus: Einerseits kann ihn ein anderer Arbeitgeber, bei dem sich der „hochgelobte" Arbeitnehmer vorstellt und der ihn eingestellt hat, unter bestimmten Voraussetzungen mit Schadensersatzansprüchen überziehen (siehe hierzu unten S. 147). Andererseits läuft der zu gutmeinende Arbeitgeber Gefahr, dass sich der Arbeitnehmer zu Recht auf das so positive Arbeitszeugnis beruft. Bescheinigt beispielsweise der Arbeitgeber seinem Arbeitnehmer, er habe ihn als

„fleißigen, ehrlichen und gewissenhaften Mitarbeiter kennengelernt"

so muss er sich hieran festhalten lassen; das gilt auch dann, wenn er den Arbeitnehmer später in Anspruch nehmen will wegen eines Kassenmankos, welches schon zur Zeit der Zeugniserteilung bekannt war (vgl. BAG AP Nr. 7 zu § 630 BGB = DB 1972, 931 = BB 1972, 618). Die Geltendmachung des bei Zeugnisausstellung bekannten Fehlbetrags verstößt gegen die Grundsätze von Treu und Glauben, da das Verhalten des Arbeitgebers in sich widersprüchlich ist (§ 242 BGB). Hier kann der ausnahmslos positiv beurteilte Arbeitnehmer nämlich damit rechnen bzw. sich darauf verlassen, dass Ansprüche gegen ihn nicht (mehr) geltend gemacht werden (BAG aaO.; ebenso: LAG Bremen BB 1984, 473, zur Unwirksamkeit einer zwei Tage nach Erteilung eines sehr guten Zeugnisses ausgesprochenen fristlosen Kündigung!).

Bei einer schlechten Beurteilung hat sich der Arbeitgeber beleidigender oder herabsetzender Äußerungen zu enthalten (LAG Berlin RDV 2014, 43 f.).

Aus den vorstehenden Beispielen ergibt sich deutlich der **Gegensatz, der zwischen der Wahrheit einerseits und dem Wohlwollen andererseits** bestehen kann (Schweres BB 1986, 1572 spricht vom „Eiertanz kodierter Zeugniserteilung", Roth FA 2001, 299 hält das Arbeitszeugnis für einen „Zankapfel", Hoß, AuA 2002, 532 einen „Spagat zwischen Wahrheit und Wohlwollen" für nötig). In der

Rechtsprechung finden sich zum Verhältnis dieser beiden Begriffe folgende Leitsätze:

> „Das Arbeitszeugnis soll einerseits dem Arbeitnehmer als Unterlage für eine Bewerbung dienen, andererseits einen Dritten, der die Einstellung des Zeugnisinhabers erwägt, unterrichten" (BAG AP Nr. 1 zu § 73 HGB).
> „Das Zeugnis, das sich auf Führung und Leistung erstreckt, darf einerseits den ferneren Lebensweg eines Arbeitnehmers nicht mehr als erforderlich erschweren, andererseits soll es aber Dritte unterrichten und muss daher wahr sein" (LAG München ARST 1977 Nr. 1185).

Allgemein wird angenommen, dass die **Wahrheitspflicht oberstes Gebot** ist, also noch vor der Pflicht zur wohlwollenden Formulierung steht (h. M., vgl. MüKoBGB/*Henssler* § 630 Rn. 42; Schleßmann BB 1988, 1320). Das bedeutet, dass sich die zwei Pole der Wahrheit und des Wohlwollens zunächst einmal gegenseitig begrenzen, im Zweifelsfalle aber die Wahrheit vor dem Wohlwollen rangiert. Daraus folgt nun aber nicht, dass es immer eine Entscheidung geben muss zwischen den beiden Positionen. Zumeist werden sich Formulierungen finden lassen, vor allem in arbeitsgerichtlichen Vergleichen (siehe hierzu unten S. 142), die beiden Forderungen gerecht werden und einerseits die dem Arbeitgeber drohenden Gefahren vermeiden sowie andererseits dem Arbeitnehmer eine zufrieden stellende Beurteilung sichern.

Aus vorstehenden Überlegungen folgt deshalb, dass der Arbeitgeber auch und gerade bei der Beurteilung der Leistungen des Arbeitnehmers wahr und wohlwollend zu formulieren hat. Er ist zwar in der Wortwahl und auch im Satzbau frei; Nachlässigkeiten oder gar Willkür sind aber auch hier ausgeschlossen und gerichtlich überprüfbar.

## 5. Bewertung des Verhaltens

Das zur Leistungsbewertung Gesagte gilt in gleicher Weise für die Beurteilung des vom Arbeitnehmer gezeigten Verhaltens. Hierunter ist selbstverständlich nur die dienstliche Führung zu verstehen; private Dinge gehören nicht ins Arbeitszeugnis (LAG München ARST 1977 Nr. 1185). Gemeint ist hier nicht die sozial-ethische Führung des Arbeitnehmers, sondern dessen Sozialverhalten gegenüber seinen Vorgesetzten und Kollegen, die Beachtung der Betriebsordnung, das Führungsverhalten gegenüber Mitarbeitern etc. (vgl. Schaub/*Linck* ArbR-Hdb § 147 Rn. 25).

Gerade die richtige Formulierung der dienstlichen Führung bereitet oftmals Schwierigkeiten bzw. führt zu Meinungsverschiedenheiten zwischen Arbeitnehmer und Arbeitgeber. Während zur korrekten Beurteilung der Arbeitsleistung zum Teil ja auf Unterlagen und Aufzeichnungen zurückgegriffen werden kann (man denke an Zielvereinbarungs-, Zielüberprüfungs- und Zielerreichungsgespräche bei erfolgsabhängiger Vergütung), wird es solche Dokumente im Bereich des dienstlichen Verhaltens regelmäßig nicht geben. Auch bewegt man sich hier in einem Bereich, der nur schwer in juristische Kategorien zu fassen ist. Die Bewertung der Verhaltensweisen von Mitmenschen kann von vielen Faktoren wie der eigenen **Einstellung gegenüber Mitmenschen, Erwartungshaltungen, Erfahrungen etc.** abhängig sein; auch ist der eine Vorgesetzte hier mutiger als der andere, der sich vielleicht nicht gerne zum „Sittenrichter" aufschwingen möchte. Letztendlich kann die Verhaltensbeurteilung auch zur Geschmacksfrage werden, und über Geschmack lässt sich bekanntlich nicht bzw. gar trefflich streiten! Wenn allerdings das Führungsurteil lediglich zum Ausdruck bringt bzw. allein davon geprägt wird, dass Arbeitnehmer und Vorgesetzter „sich nicht riechen können" oder dem einen „die Nase des anderen nicht passt", dann mag so etwas zwar nicht wohlwollend, aber wahr sein; der Anspruch auf korrekte Zeugniserteilung und damit auch Verhaltensbewertung des Arbeitnehmers wird so nicht erfüllt. Deshalb gilt: **Persönliche Animositäten und Feindschaften dürfen sich im Arbeitszeugnis nicht niederschlagen!** Dies auch und gerade deshalb, weil bei der Beurteilung der gezeigten Führung neben dem Verhalten gegenüber Vorgesetzten auch das Verhältnis des Arbeitnehmers zu Mitarbeitern und Kollegen, gegebenenfalls auch zu Kunden, Mandanten etc., zu berücksichtigen ist. Das vielleicht zu einer Person bestehende, gespannte Verhältnis darf nicht auf das Gesamturteil durchschlagen, wenn der Arbeitnehmer im Übrigen mit allen anderen Personen gut ausgekommen ist. Ein Verstoß hiergegen würde nicht nur die Pflicht zur wohlwollenden Formulierung, sondern auch zur wahrheitsgetreuen Darstellung verletzen!

Erwartet werden im Arbeitszeugnis bei der **Führungsbewertung** Aussagen zum Verhalten gegenüber Vorgesetzten und Kollegen sowie Mitarbeitern bzw. Untergebenen im Allgemeinen, aber auch Angaben zur Kooperations- und Kompromissbereitschaft (ersteres mehr auf gleicher Ebene, letzteres eher beim Überordnungsverhältnis), zum Führungsverhalten und -stil, Motivation von Mitarbeitern (siehe hierzu insgesamt Schmid DB 1983, 1334) im Besonderen. Hat der Arbeitnehmer Kontakt zu Kunden oder Mandanten, d.h. „Kontakte nach außen", sind auch hierzu Aussagen zu treffen: Zu beurteilen ist beispielsweise der Umgang des Automobilverkäufers mit Kunden, der Anwaltsgehilfin mit Mandanten, Behörden, Gerichten und Kollegen, der Krankenschwester mit Patienten und Angehörigen des Leiharbeitnehmers mit dem Entleiher und dessen Arbeitnehmern etc.

Die im heutigen Arbeitsleben üblichen Formulierungen zur Leistungs- und Führungsbewertung und ihre Bedeutung werden im weiteren Verlauf im Kapitel „Zeugnissprache" (S. 108) und in einer gesonderten „Notenskala" (S. 109) ausführlich besprochen.

## 6. Einzelprobleme in alphabetischer Reihenfolge

Im nun folgenden Abschnitt werden – in alphabetischer Reihenfolge – ausgesuchte Einzelprobleme behandelt und wird dabei die Frage beantwortet, ob bestimmte Tatsachen oder Vorkommnisse, die im Zusammenhang mit dem Arbeitsverhältnis stehen, im Zeugnis angesprochen werden dürfen oder gar erwähnt werden müssen. Auf die gegebenenfalls verschlüsselten Formulierungen wird im Kapitel „Zeugnissprache" eingegangen. Die Zulässigkeit entsprechender Fragen des Arbeitgebers bei Bewerbungsgesprächen bzw. hier bestehende Offenbarungspflichten des Arbeitnehmers kommen bei jedem einzelnen Punkt direkt zur Sprache (vgl. Schaub/*Linck* ArbR-Hdb § 26 Rn. 17 ff.). Die Darstellung kann nicht den Anspruch erheben, vollständig zu sein, die gebräuchlichsten Themen werden aber angesprochen und weiterführende Hinweise gegeben.

**Abmahnungen:** Sie dürfen in keinem Zeugnis erwähnt oder auch nur angedeutet werden. Für Abmahnungen, oft als Vorstufe zur Kündigung bezeichnet (vgl. insgesamt hierzu: Kleinebrink FA 2006, 196 und 2007, 230), gilt nämlich dasselbe wie zu Beendigungsgründen und -modalitäten (oben S. 79): berechtigterweise ausgesprochene Abmahnungen werden regelmäßig das Leistungs- oder Verhaltensbild „trüben"; bei unbegründeten kann der Arbeitnehmer dagegen Rücknahme und Entfernung aus der Personalakte fordern (siehe Kleinebrink aaO.).

**Alkoholgenuss:** Darf nicht erwähnt werden, wenn er im rein privaten Bereich bleibt (vgl. Löw NJW 2005, 3605). Auch Alkohol im Dienst gehört nicht ins Zeugnis; es existieren jedoch verschlüsselte Redewendungen, siehe hierzu beim Thema „Zeugnissprache" (unten S. 108).

Das BAG hat allerdings entschieden, dass die dienstliche Führung eines Arbeitnehmers auch dann betroffen sei, wenn dieser ein Dienstfahrzeug des Arbeitgebers unbefugt und in fahruntüchtigem Zustand zu einer Privatfahrt benutzt und deswegen strafrechtlich verurteilt wird (BAG NZA 1987, 384; NJW 1986, 2209); entscheidend ist also die – rechtskräftige – strafrechtliche Verurteilung (zu Straftaten siehe unten S. 103); Entsprechendes gilt für Drogengenuss.

**Arbeitslosigkeit/Arbeitsagentur:** Dem Arbeitsverhältnis vorangegangene Arbeitslosigkeit bzw. Vermittlung durch die Arbeitsagentur haben mit dem Arbeitsverhältnis nichts zu tun und dürfen nicht genannt oder angedeutet werden.

**Aufsichtsratstätigkeit:** siehe Betriebsratstätigkeit.

**Aussperrung:** siehe Streikteilnahme.

**Beendigungsgründe und -modalitäten:** Sie dürfen nur auf Wunsch des Arbeitnehmers angeführt werden; im Einzelnen kann auf die gesonderte Darstellung auf S. 79 verwiesen werden.

**Beförderungen:** Auf ihre Angabe im Arbeitszeugnis hat der Arbeitnehmer Anspruch, da sie zur korrekten Wiedergabe seiner betrieblichen Karriere unerlässlich sind (vgl. Löw NJW 2005, 3605).

**Betriebsratstätigkeit:** Auch wenn Arbeitgeber an Informationen hierzu großes Interesse haben, hat sie mit dem Arbeitsverhältnis nichts zu tun. Der Arbeitnehmer ist in dieser Funktion ja gerade dem Weisungsrecht des Arbeitgebers entzogen. Es gilt daher folgendes: Ohne ausdrücklichen Wunsch des Arbeitnehmers darf das Betriebsratsamt weder im Zeugnis noch in einer Regelbeurteilung erwähnt oder angedeutet werden (BAG NZA 1993, 222; Hess. LAG DB 1994, 1044 = BB 1994, 1150; LAG Hamm LAGE Nr. 13 zu § 630 BGB; ArbG Ludwigshafen BB 1987, 1464), auf entsprechendes Verlangen ist der Arbeitgeber hierzu jedoch verpflichtet (a. A. Schleßmann, S. 61). Dies gilt auch bei völliger Freistellung nach § 38 BetrVG (LAG Frankfurt DB 1977, 167). Die Fälle völliger Entfremdung des Arbeitnehmers von seiner Tätigkeit durch das Betriebsratsamt sind eher theoretischer Natur (vgl. Witt BB 1996, 2194 und Brill BB 1981, 616).

Dies gilt entsprechend für Ämter im Aufsichtsrat, in der Jugend- und Auszubildendenvertretung (vgl. LAG Hamm LAGE Nr. 13 zu § 630 BGB = DB 1991, 1527), im Personalrat und für die Funktion als Vertrauensmann der Schwerbehinderten oder der Gewerkschaft im Betrieb. Zur Andeutung in verschlüsselter Form siehe unten im Kapitel „Zeugnissprache“ (S. 108). Fragen nach solchen, in der Vergangenheit bekleideten Ämtern, dürfen vom Arbeitgeber im Vorstellungsgespräch nicht gestellt werden. Sie müssen daher vom Arbeitnehmer nicht bzw. nicht wahrheitsgemäß beantwortet werden.

**Ehrlichkeit:** Im Arbeitszeugnis dort zu erwähnen, wo sie erwartet wird, d. h. bei Arbeitnehmern in Vertrauensstellung z. B. Kassierern, Hausangestellten, Verkaufsfahrern mit Inkassoberechtigung, im Bankwesen etc. (vgl. Schaub/*Linck* ArbR-Hdb § 147 Rn. 20); sie muss aber auch tatsächlich vorgelegen haben!

**Eingruppierung:** tarifliche: Sie kann zur Tätigkeitsbeschreibung hilfreich sein, darf aber nur auf Wunsch des Arbeitnehmers aufgenommen werden (vgl. ErfK/*Müller-Glöge* § 109 GewO Rn. 29).

**Einkommen:** Dieses bzw. das Gehalt ist nicht zu erwähnen und wird idR. bei Vorstellungsgesprächen diskutiert. Die direkte Frage nach dem früheren Gehalt des Arbeitnehmers ist aber unzulässig (vgl. Schaub/*Linck* ArbR-Hdb § 26 Rn. 33) und muss somit nicht oder nicht zutreffend beantwortet werden. Macht der Arbeitnehmer bei Vertragsverhandlungen jedoch eine bestimmte Gehaltsvorstellung zur Bedingung für den Vertragsabschluss und bezieht er sich hierbei auf früheres Einkommen, so muss diese Angabe richtig sein; andernfalls käme eine Anfechtung des geschlossenen Arbeitsvertrags durch den Arbeitgeber wegen Täuschung durch den Arbeitnehmer in Betracht.

**Elternzeit:** siehe Mutterschutz u. a.

**Erfindungen und Verbesserungsvorschläge:** beweisen, dass der Arbeitnehmer mitdenkt und sollten dann genannt werden, wenn sie verwertet werden, wobei auch letzteres zu bescheinigen ist; zur Geheimsprache hierzu siehe unten S. 108.

**Fortbildungsveranstaltungen:** Hier ist eine Erwähnung ebenfalls positiv und vom Arbeitnehmer zu beanspruchen, wobei auch der Verweis auf gesonderte Nachweise genügen kann; siehe im Einzelnen oben S. 76.

**Freistellung:** (a) Zur Freistellung als Betriebsratsmitglied gemäß §§ 37 und 38 BetrVG siehe dort;

(b) Eine Freistellung, die vom Arbeitgeber für die Restlaufzeit des Arbeitsverhältnisses, d. h. vom Zugang einer Kündigung bis zum Beendigungstermin, ausgesprochen wird, darf nicht erwähnt werden: durch sie erklärt der Arbeitgeber, dass er bei Fortzahlung der Vergütung auf die Arbeitsleistung des Arbeitnehmers verzichtet; sie darf auch nicht durch ein vorzeitiges Ausstellungsdatum angedeutet werden. Zum Zeugnisanspruch in diesem Fall siehe oben S. 28.

(c) Freistellungen zur Stellensuche gemäß § 629 BGB bzw. aus persönlichen Gründen (z. B. Heirat, Todesfälle, Geburt eines Kindes etc.; vgl. zur Vergütungspflicht insoweit MüKoBGB/*Henssler* § 616 BGB Rn. 30 ff., 62) berühren ebenfalls nicht den Bestand des Arbeitsverhältnisses: auch sie müssen unerwähnt bleiben.

Fremdsprachen: Ihre Kenntnis macht unter anderem die Qualifikation einer Sekretärin/Stenotypistin aus: sie sind anzugeben; insbesondere ist auch der Grad ihrer Beherrschung bei Fremdsprachenkorrespondenten unerlässlich (Löw NJW 2005, 3605).

**Führerschein:** Sein Besitz ist für den Kraftfahrer oder Außendienstmitarbeiter unerlässlich, sein Entzug kann im Einzelfall eine Kündigung rechtfertigen, es sei denn, der Arbeitnehmer erklärt sich mit einer möglichen anderweitigen Beschäftigung einverstanden (vgl. LAG Rheinland-Pfalz NZA 1990, 28). Der Besitz kann auf Wunsch des Arbeitnehmers – sogar nach Klassen sortiert – erwähnt, sein Verlust darf nicht genannt werden; die Führung im Dienst kann jedoch betroffen sein, siehe unter Alkohol.

**Gehalt:** siehe Einkommen.

**Gerichtsverfahren:** (a) Zu Straftaten siehe S. 103.

(b) Das wegen einer Kündigung des Arbeitsverhältnisses zwischen Arbeitnehmer und Arbeitgeber durchgeführte arbeitsgerichtliche Verfahren darf im Arbeitszeugnis nicht erwähnt werden (LAG München ARST 1977 Nr. 1185); dies gilt unabhängig von dessen Ausgang. Auch Auseinandersetzungen wegen Arbeitszeugnissen, Abmahnungen, Kündigungen etc. gehören nicht ins Zeugnis.

**Gesundheitszustand und Krankheiten:** Angaben hierzu dürfen nicht ins Arbeitszeugnis; im Einzelnen wird auf das gesonderte Kapitel „Zeugnis und Krankheit" unten S. 106 verwiesen.

**Gewerkschaftszugehörigkeit:** Sie gehört nicht zum Arbeitsverhältnis, ergo auch nicht in das Arbeitszeugnis, weder ausdrücklich noch in verschlüsselter Form (siehe hierzu im Kapitel Zeugnissprache S. 108); im Einzelnen kann hier auf den Fall des DGB-Eingangsstempels des LAG Hamm (LAGE Nr. 5 zu § 630 BGB) oben S. 46 f. verwiesen werden!

Hausverbot: Das Hausrecht steht grundsätzlich dem Arbeitgeber als Betriebsinhaber zu; durch den Arbeitsvertrag wird dem Arbeitnehmer erlaubt, die Geschäfts- und Betriebsräume zur Erbringung der Arbeitsleistung zu betreten. Durch den Beschäftigungsanspruch des Arbeitnehmers (vgl. BAG AP Nr. 5 zu § 611 BGB Beschäftigungspflicht) – auch und gerade während des Laufs einer ordentlichen Kündigungsfrist – wird das Hausrecht des Arbeitgebers grundsätzlich eingeschränkt; der Arbeitgeber kann ein Hausverbot nur bei überwiegenden und schutzwürdigen Eigeninteressen aussprechen (z. B. bei Gefahr strafbarer Handlungen durch den Arbeitnehmer);

hierdurch wird der rechtliche Bestand des Arbeitsverhältnisses jedoch nicht berührt. Hausverbote dürfen daher nicht im Arbeitszeugnis erscheinen!

**Homosexualität:** siehe Sexualverhalten.

**Konfessions- bzw. Religionszugehörigkeit:** Auch hier handelt es sich um Dinge aus dem Privatleben, die nicht ins Zeugnis gehören. Bei Bewerbungsgesprächen darf hiernach grundsätzlich nicht gefragt werden (vgl. Schaub/*Linck* ArbR-Hdb § 26 Rn. 31). Kirchliche Einrichtungen machen aber oftmals den Abschluss von Arbeitsverträgen davon abhängig, dass der Bewerber der jeweiligen Konfession angehört. Dies wird für den Kern eines Tendenzbetriebs für zulässig erachtet (z. B. Kindergärtnerin, nicht aber Reinigungskraft; vgl. Wisskirchen/Bissels aaO.).

**Konkurrenzverbote:** siehe unten Wettbewerbsverbote.

**Krankheiten:** siehe „Zeugnis und Krankheit" unten S. 106.

**Kriegsdienstverweigerung:** Das Recht hierzu ist grundgesetzlich in Art. 4 Abs. 3 GG garantiert und gehört als private Angelegenheit des Einzelnen nicht ins Zeugnis. Wegen Unterbrechungen des Arbeitsverhältnisses durch Wehr- oder Zivildienst siehe oben S. 79.

**Kündigung:** Hierzu kann verwiesen werden auf die Darstellungen zur Angabe des Beendigungsgrundes und der Beendigungsmodalitäten (oben S. 79) sowie auch zum Ausstellungsdatum (siehe oben S. 68):

Angaben zu Entlassungsgrund und Beendigungsform dürfen nur auf Wunsch des Arbeitnehmers ins Arbeitszeugnis; dies wird regelmäßig bei Eigenkündigung der Fall sein oder, wenn die Formulierung im Zeugnis personen- oder verhaltensbedingte Kündigungsgründe eindeutig ausschließt.

Auch durchgeführte Arbeitsgerichtsverfahren dürfen nicht erwähnt werden (vgl. LAG München ARST 1977 Nr. 1185).

Zur Geheimsprache diesen Themenkreis betreffend siehe unten S. 119 f.

**Mutterschutz, Elternzeit und Schwangerschaft:** Angaben hierzu sind im Arbeitszeugnis (ebenso: Schleßmann S. 65 zur Elternzeit) unzulässig; der Arbeitgeber darf schon gemäß § 5 Abs. 1 S. 4 Mutterschutzgesetz (MuSchG) Dritten keine Auskünfte zur Schwangerschaft seiner Arbeitnehmerin geben, erst recht darf keine Aussage zur hier betroffenen Intimsphäre der Frau ins Zeugnis!

Allein für den Fall, dass aufgrund Erziehungsurlaubs (jetzt: Elternzeit) eine wesentliche tatsächliche Unterbrechung der Beschäftigung eintritt, soll nach einem Urteil des BAG (NZA 2005, 1237) der Arbeitgeber die Elternzeit im Zeugnis erwähnen dürfen (im entschiedenen Fall befand sich ein Koch bei 50 Monaten Dauer des Arbeitsverhältnisses für 33,5 Monate im Erziehungsurlaub).

Die Frage des Arbeitgebers nach einer Schwangerschaft vor der geplanten Einstellung einer Frau verstieß regelmäßig gegen § 611a BGB (vgl. BAG NZA 2003, 848). Dies galt nach Ansicht des EuGH (NZA 2001, 1241) auch für befristete Einstellungen. Nach Aufhebung des § 611a BGB und unter Geltung des Allgemeinen Gleichbehandlungsgesetzes (AGG) ist die Frage nach einer bestehenden Schwangerschaft als unmittelbare Benachteiligung wegen des Geschlechts gem. § 3 Abs. 1 Satz 2 AGG einzustufen (vgl. ErfK/*Preis* § 611 BGB Rn. 274). Entsprechendes gilt für sog. Umgehungsfragen nach der Familienplanung (vgl. Wisskirchen NZA 2007, 169) und damit auch für Mutterschutz und Elternzeit.

**Nebentätigkeit:** Aussagen hierzu gehören nicht ins Arbeitszeugnis, unabhängig davon, ob der Arbeitnehmer ihr erlaubt oder unbefugt nachgegangen ist, da sie dem Weisungsrecht des Arbeitgebers gem. § 106 GewO entzogen sind. Auch eine erteilte Nebentätigkeitsgenehmigung bleibt unerwähnt, da sie mit den geschuldeten Leistungen im Arbeitsverhältnis nichts zu tun hat (Schleßmann S. 60; Löw NJW 2005, 3605): Die Nebentätigkeit wird ja gerade „neben" der Hauptbeschäftigung ausgeübt.

Der Arbeitnehmer hat Anspruch auf Erteilung einer Nebentätigkeitsgenehmigung; dies gilt jedoch dann nicht, wenn diese den Arbeitnehmer an der ordnungsgemäßen Arbeitsleistung im Hauptarbeitsverhältnis hindert (vgl. BAG AP Nr. 68 zu § 626 BGB; MüKo BGB/*Müller-Glöge* § 611 BGB Rn. 1095 ff.).

**Parteizugehörigkeit:** Auch sie gehört ins Privatleben, nicht ins Arbeitszeugnis! Sie darf auch nicht angedeutet werden. Nach der Parteizugehörigkeit darf grundsätzlich bei Einstellungsgesprächen nicht gefragt werden (vgl. Schaub/*Linck* ArbR-Hdb § 26 Rn. 29). Ist durch die Frage nach der Parteizugehörigkeit die Weltanschauung betroffen, könnte – außer in einem politischen Tendenzbetrieb – eine Benachteiligung iSd. §§ 1, 7 AGG vorliegen.

**Personalratstätigkeit:** siehe Betriebsratstätigkeit.

**Privatleben:** Aussagen zu diesem Bereich gehören in kein Arbeitszeugnis (LAG München ARST 1977 Nr. 1185; Becker-Schaffner BB 1989, 2105).

**Prozesse:** siehe Gerichtsverfahren.

**Prüfungen:** Werden sie außerhalb des Arbeitsverhältnisses abgelegt, müssen sie – auch wenn sie dem Arbeitnehmer beruflichen Nutzen bringen – nicht ins Zeugnis aufgenommen werden. Hier wird in der Regel das Bestehen bzw. die Teilnahme durch entsprechende Atteste gesondert nachgewiesen (siehe im Einzelnen oben S. 76). Ein Berufsausbildungsverhältnis nach den Vorschriften des Berufsbildungsgesetzes (BBiG) endet mit Bestehen der Abschlussprüfung (§ 21 Abs. 2 BBiG); hier hat der Auszubildende Anspruch darauf, dass ihm wunschgemäß dieser Beendigungstatbestand im Ausbildungszeugnis bestätigt wird. Dieses Zeugnis gemäß § 16 BBiG muss Angaben enthalten über Art, Dauer und Ziel der Berufsausbildung sowie die erworbenen beruflichen Fertigkeiten, Kenntnisse und Fähigkeiten des Auszubildenden. Auf dessen Verlangen sind auch Angaben über Verhalten und Leistung aufzunehmen.

**Pünktlichkeit:** Dieses Verhalten ist im Arbeitsverhältnis selbstverständlich (Löw NJW 2005, 3605); die Erwähnung im Zeugnis hat daher zumeist eine verschlüsselte – negative – Aussage zum Inhalt (ArbG Nürnberg LAGE Nr. 36 zu § 630 BGB; a. A.: ArbG Bayreuth NZA 1992, 799); siehe deshalb unter Zeugnissprache unten S. 108.

**Raucher/Nichtraucher:** Zwar hat das BAG (NZA 1998, 1231) entschieden, dass Arbeitnehmer gemäß § 618 BGB Anspruch auf einen tabakfreien Arbeitsplatz haben, wenn das für sie aus gesundheitlichen Gründen geboten ist. Angaben hierzu sind ganz allgemein und gerade aus diesem Gesichtspunkt für Arbeitgeber, bei denen sich ein Arbeitnehmer bewirbt, von großem Interesse. Sie gehören jedoch unter keinem Gesichtspunkt ins Arbeitszeugnis und dürfen auch beim Einstellungsgespräch nicht erfragt werden (vgl. Schaub/*Linck* ArbR-Hdb § 26 Rn. 28).

**Schwangerschaft:** siehe Mutterschutz.

**Schwerbehinderteneigenschaft:** Ihre Erwähnung im Arbeitszeugnis ist unzulässig, und zwar auch dann, wenn hierdurch eine Leistungsminderung eintritt. Insoweit gilt dasselbe wie bei Angaben zur Gesundheit bzw. zu Krankheiten und Fehlzeiten (siehe unten S. 106 f.). Durch die Darstellung solcher Einschränkungen im Zeugnis könnte der Arbeitgeber dem Arbeitnehmer praktisch seine berufliche Zukunft „verbauen". Die Annahme, dass bei reduziertem Leistungsvermögen ein Hinweis auf die Behinderung im Zeugnis für den Arbeitnehmer von Vorteil sein könnte (so: Schleßmann, S. 100), ist weder überzeugend noch empirisch belegt. Auf ausdrücklichen Wunsch des Arbeitnehmers hingegen ist die Schwerbehinderung im Arbeitszeugnis zu erwähnen (so ebenfalls: Schleßmann, S. 100). Dies folgt aus dem Selbstbestimmungsrecht des Einzelnen in Bezug auf seine persönlichen Daten.

Die Frage des Arbeitgebers im Bewerbungsgespräch nach einer Schwerbehinderteneigenschaft des Arbeitnehmers wurde – vor Geltung des Allgemeinen Gleichbehandlungsgesetzes (AGG) – grundsätzlich für zulässig behalten, musste daher wahrheitsgemäß beantwortet werden, andernfalls eine Anfechtung des Arbeitsvertrags wegen arglistiger Täuschung gem. § 123 BGB in Betracht kam (vgl. BAG NZA 1986, 635). Der Arbeitnehmer war aber zur Offenbarung von sich aus nur dann verpflichtet, wenn er die Arbeit wegen seiner Schwerbehinderung nicht leisten konnte. Dasselbe galt bei einer erfolgten Gleichstellung (BAG aaO.), nicht jedoch wenn diese erst beantragt war (LAG Hamm DB 1973, 1306).

Seit dem Inkrafttreten des AGG und wegen des ausdrücklichen Verweises in § 81 Abs. 2 Satz 1 SGB IX kann diese Rechtsprechung allerdings keine Geltung mehr beanspruchen. § 1 Abs. 1 AGG erfasst außerdem nicht nur die anerkannte Schwerbehinderung, sondern auch die „normale" Behinderung. Aufgrund dieses umfassenden Diskriminierungsverbots ist die Frage des Arbeitgebers nach dem Vorliegen einer Schwerbehinderteneigenschaft, einer Gleichstellung, einer entsprechenden Antragstellung sowie einer Behinderung grundsätzlich unzulässig. Wirtschaftliche oder organisatorische Belastungen des Arbeitgebers in diesem Zusammenhang sind unbeachtlich (vgl. Wisskirchen NZA 2007, 169).

**Sexualverhalten:** Auch hier gilt, dass Vorgänge aus dem privaten Bereich nichts im Arbeitszeugnis zu suchen haben! Bei entsprechendem Verhalten am Arbeitsplatz, bei Betriebsausflügen oder -feiern, hat dasselbe zu gelten: Die Intimsphäre des Arbeitnehmers ist uneingeschränkt zu respektieren! Es existiert hier aber eine umfangreiche Verschlüsselungspraxis (zum Sexualverhalten allgemein, zu Homosexualität u. ä. im besonderen), auf die im Abschnitt Zeugnissprache näher eingegangen wird (siehe unten S. 108 ff.).

**Straftaten/Vorstrafen:** Auf Vorstrafen darf im Zeugnis nicht verwiesen werden. Auch ein Verdacht strafbarer Handlungen darf keine Erwähnung finden und zwar selbst dann nicht, wenn er ausnahmsweise zur Entlassung des Arbeitnehmers geführt hat oder begründet war (vgl. MüKoBGB/*Henssler* § 630 Rn. 39). Dasselbe gilt für den Fall der Einleitung eines Strafverfahrens gegen den Arbeitnehmer. Hier lässt sich aus der Aufnahme von Ermittlungen allein nichts (Negatives) über die Qualifikation des Arbeitnehmers herleiten. Dies gilt selbstverständlich für im privaten Bereich angesiedelte Tatbestände, aber für im Dienstbereich liegende ebenso. Bis zu einer rechtskräftigen Verurteilung muss nämlich von der Unschuld des Arbeitnehmers ausgegangen werden, was sich nicht zuletzt aus Art. 6 Abs. 2 MRK ergibt (im Erg. ebenso: LAG Baden-Württemberg DB 2008, 480): Eine Erwähnung oder Andeutung ist deshalb unzulässig!

Bei rechtskräftig abgeurteilten Straftaten ist zu differenzieren zwischen solchen im privaten und denen im dienstlichen Bereich. Berührt eine Straftat nicht unmittelbar das Arbeitsverhältnis, darf sie im Arbeitszeugnis nicht auftauchen, weder ausdrücklich noch in verschlüsselter Form.

Stellt eine dienstliche Pflichtverletzung des Arbeitnehmers zugleich einen Straftatbestand dar (z. B. Diebstahl, Unterschlagung etc.), der zu einer rechtskräftigen Verurteilung des Arbeitnehmers führt, ist eine Angabe hierzu nur dann zulässig, wenn wegen dieses Vorfalls das Arbeitsverhältnis tatsächlich beendet wird bzw. wurde. In diesem Fall ist eher nur ein einfaches Zeugnis zu fordern (vgl. Löw NJW 2005, 3605). Vom Arbeitgeber darf hier, d. h. im Falle einer fristlosen Kündigung, aber lediglich das Beendigungsdatum angegeben werden (vgl. LAG Düsseldorf NZA 1988, 399, oben S. 81). Liegt dagegen die Straftat lange zurück, hat der Arbeitgeber sie verziehen oder handelt es sich um einen weniger erheblichen Vorfall, ist der sog. Amnestiegedanke zu beachten. Danach sollen Ereignisse, die mehr als zwei Jahre zurückliegen und nicht zur Beendigung des Arbeitsverhältnisses geführt haben, keinen Eingang in das Arbeitszeugnis finden (ähnlich wie hier: Schleßmann BB 1988, 1320; ebenso: Ruppert PersV 1983, 443).

Im Vorstellungsgespräch darf der Bewerber nach Vorstrafen nur gefragt werden, wenn und soweit es die Art des zu besetzenden Arbeitsplatzes erfordert (BAG AP Nr. 2 zu § 123 BGB, AP Nr. 7 zu § 1 KSchG – Verhaltensbedingte Kündigung –), sog. „einschlägige“ Vorstrafen, z. B. Vermögensdelikte bei Kassierern. Daran hat sich meines Erachtens weder nach Inkrafttreten des BZRG noch des AGG etwas geändert (ebenso: Schaub/*Linck* ArbR-Hdb § 26 Rn. 35 mit Verweis auf § 32 Abs. 2 BDSG-E): Ein Bewerber kann sich danach als unbestraft bezeichnen, wenn die Strafe nach dem BZRG nicht in das Führungszeugnis (vgl. hierzu insgesamt Wohlgemuth DB 1985 Beilage 21) aufzunehmen oder nach § 51 BZRG zu tilgen ist. Hiermit wird letztendlich dem Resozialisierungsgedanken Rechnung getragen.

**Streikteilnahme:** Sie gehört – ebenso wie eine Aussperrung – weder in ausdrücklicher noch verschlüsselter Form (hierzu unten S. 122) ins Arbeitszeugnis. Fragen hierzu im Vorstellungsgespräch sind generell nicht erlaubt.

**Transsexuelle Person:** Ein Anspruch besteht hier auf Umschreibung/Neuerteilung eines Zeugnisses mit geändertem Vornamen und Geschlecht (vgl. LAG Hamm LAGE Nr. 31 zu § 630 BGB = NZA-RR 1999, 455 = DB 1999, 1610; s. auch S. 20).

**Vermögensverhältnisse:** Diese und Schulden gehören natürlich in kein Zeugnis; Verstöße hiergegen kommen auch so gut wie nicht vor.

Im Bewerbungsgespräch wird teilweise die Frage des Arbeitgebers hierzu für zulässig gehalten, insbesondere, wenn Arbeitsplätze z. B. im Kassen- oder Buchhaltungsbereich zu besetzen sind. Dem kann nicht gefolgt werden: Es handelt sich um Angelegenheiten des Privatlebens, in das auch im Wege eines Vorstellungsgesprächs nicht eingedrungen werden darf. Entsprechendes gilt für Lohnpfändungen und unabhängig von der Art der angestrebten Position. Hieran hat sich durch das AGG nichts geändert (Schaub/*Linck* ArbR-Hdb § 26 Rn. 34; § 32 BDSG-E).

**Vertrauensmann der Schwerbehinderten:** siehe Betriebsratstätigkeit.

**Vorstrafen:** siehe Straftaten.

**Wehrdienst:** Zeiten des Wehr- und Zivildienstes lassen das Arbeitsverhältnis im Bestand unberührt (siehe oben S. 77) und dürfen daher im Arbeitszeugnis nicht auftauchen.

Im Falle von Fragen hierzu im Bewerbungsgespräch (z. B. nach abgeleistetem Dienst bzw. bevorstehender Einberufung oder noch zu leistendem Zivildienst) gilt Folgendes: Seit der Einführung des AGG kann die Frage nach Wehr- oder Zivildienst eine Benachteiligung iSd. §§ 1, 7 AGG darstellen, da zumindest das Merkmal „Weltanschauung“ betroffen sein kann (so. Wisskirchen/Bissels NZA 2007, 169).

**Wettbewerbsverbote:** Sie stehen weder mit Art und Dauer noch mit Führung und Leistung in Verbindung, haben daher im Arbeitszeugnis nichts zu suchen, es sei denn, der Arbeitnehmer wünscht ihre Erwähnung (vgl. Schleßmann, S. 79).

Die im Vorstellungsgespräch vom Arbeitgeber gestellte Frage nach eventuell bestehenden Wettbewerbsverboten bzw. -abreden ist zulässig und daher vom Arbeitnehmer wahrheitsgemäß zu beantworten. Das AGG hat hieran nichts geändert. Sie kann als Grundlage für die Entscheidung über den Abschluss des Arbeitsvertrags geradezu unentbehrlich sein. Das gilt unabhängig davon, ob das Wettbewerbsverbot gültig oder z. B. wegen Formmangels oder in Ermangelung einer Entschädigungspflicht rechtsunwirksam ist (vgl. BAG AP Nr. 24 und 25 zu § 611 BGB – Konkurrenzklausel –). Im Regelfall wird sich aber ein Arbeitnehmer gar nicht erst bei einem Konkurrenzarbeitgeber bzw. -unternehmen bewerben, wenn er sich an die getroffene Wettbewerbsabrede halten und in den Genuss der Entschädigungszahlung kommen will; die Frage nach einer entsprechenden Offenbarungspflicht dürfte sich daher normalerweise nicht stellen.

**Zivildienst:** siehe Wehrdienst.

**Zwischenzeugnisse:** Sie bleiben in Endzeugnissen unerwähnt. Zu unzulässigen Verweisen auf Zwischen- in Endzeugnissen siehe Schulz in Anm. zu BAG AP Nr. 33 zu § 630 BGB.

## 7. Insbesondere: Zeugnis und Krankheit

Positive Aussagen zur Gesundheit sind nicht üblich, diese wird allgemein vorausgesetzt. **Negative Angaben im Arbeitszeugnis** eines Arbeitnehmers „verbauen" ihm praktisch seine berufliche Zukunft. Deshalb gehören solche Angaben – seien sie positiv oder negativ – nicht in das Arbeitszeugnis (differenzierend: MüKoBGB/*Henssler* § 630 Rn. 41). Dasselbe gilt auch für krankheitsbedingte Fehlzeiten (vgl. ErfK/*Müller-Glöge* § 109 GewO Rn. 45), und zwar unabhängig davon, welche Ursache und welchen Umfang sie haben und wie lange vor Zeugniserteilung sie zurückliegen.

Ein Einzelfall in diesem Zusammenhang lag einem Urteil des ArbG Hagen Ende der sechziger Jahre zugrunde (ArbG Hagen DB 1969, 886 = BB 1969, 676). Dort litt ein Angestellter einer Verbandssparkasse unter Krampfanfällen, die epileptischen Anfällen ähnelten. Der Arbeitgeber schrieb ihm ins Zeugnis:

„Herr L. hat trotz seiner sich von Zeit zu Zeit zeigenden gesundheitlichen Schwierigkeiten die ihm übertragenen Arbeiten zu unserer Zufriedenheit ausgeführt."

Die vom Arbeitnehmer beantragte Streichung des Hinweises zu seiner Gesundheit lehnte das ArbG mit der Begründung ab, dass der Arbeitseinsatz grundsätzlich beeinflusst sei, dass im Übrigen eine schonende Formulierung gebraucht wurde und der Arbeitnehmer ansonsten durch Vorlage eines aktuellen, ärztlichen Attests „etwaige

Vorbehalte bei einem neuen Arbeitgeber ausräumen“ könne (ArbG Hagen aaO.).

Dieses Urteil ist falsch, da keine Veranlassung zu Angaben über die Gesundheit des Arbeitnehmers besteht bzw. bestand. Wenn es in einem Arbeitsverhältnis gesundheitliche Probleme gegeben haben sollte, ergibt sich hieraus kein zwingender Schluss auf Schwierigkeiten in einer neuen Anstellung. Ein Informationsbedürfnis des neuen sowie eine Unterrichtungspflicht des alten Arbeitgebers gibt es wegen der Vielfalt der Anforderungen am einzelnen Arbeitsplatz nicht; ein Regressanspruch des neuen gegenüber dem alten Arbeitgeber scheidet insofern logischerweise aus. Darüber hinaus hat gerade der neue bzw. potentielle Arbeitgeber die Möglichkeit, durch gezielte Fragen an den Bewerber dessen Eignung abzuklären; würde dieser ein Zeugnis mit der pauschalen Aussage „gesundheitliche Probleme“ vorlegen, würde er nicht nur bei Bewerbungen um Stellen mit körperlichen Anforderungen scheitern, er wäre insgesamt „aus dem Rennen“! Daran ändert auch nichts eine vom Arbeitsgericht als schonend empfundene Formulierung wie im dortigen Fall (ArbG Hagen aaO.) und schon gar nicht der Hinweis auf ein mögliches ärztliches Attest (a. A. Schleßmann, S. 100 für den (Einzel-)Fall der Gefährdung Dritter oder einer Störung des Betriebsablaufs durch die Epilepsie).

Beachtenswert ist noch folgende Überlegung: Wenn schon nach allgemeiner Meinung krankheitsbedingte Fehlzeiten nicht im Arbeitszeugnis auftauchen dürfen (vgl. Mühlhausen NZA-RR 2006, 337), so darf ihre Ursache erst recht nicht preisgegeben werden. Dies folgt nicht zuletzt aus dem heute umfassend anerkannten **Recht des Einzelnen auf informationelle Selbstbestimmung** (vgl. nur das sog. Volkszählungs-Urteil des BVerfG NJW 1984, 419), das natürlich vor über drei Jahrzehnten beim Urteil des ArbG Hagen noch keine Rolle spielen konnte! Dieses Ergebnis wird bestätigt durch die aktuelle Tendenz in der Rechtsprechung, wonach – grundsätzlich – Krankheiten im Arbeitszeugnis nicht erwähnt werden dürfen, und zwar auch dann nicht, wenn sie den Kündigungsgrund gebildet haben (vgl. LAG Chemnitz NZA-RR 1997, 47 = AiB 1996, 506 mit zust. Anm. Weuster; LAG Köln AnwBl. 1992, 496 = JurBüro 1992, 24; ArbG Frankfurt DB 1991, 2248 = ARST 1991, 233).

Da eine Krankheit nach allgemeinen Zeugnisgrundsätzen nur erwähnt werden dürfte, wenn sie für das Arbeitsverhältnis prägend war, dürfte überhaupt nur Krankheit von Dauer und einer gewissen Schwere für eine Erwähnung im Zeugnis in Frage kommen. Damit kann eine solche Krankheit aber auch mit einer Behinderung im Sinne des AGG gleichgestellt werden. Die Erwähnung im Zeugnis ist dann naheliegend eine unzulässige Diskriminierung.

Ein Arbeitnehmer soll aber einen Anspruch auf die Angaben einer Erkrankung als Entlassungsgrund haben, wenn anders eine außerordentliche Kündigung für Außenstehende nicht erklärbar ist (vgl. MüKoBGB/*Henssler* § 630 Rn. 45).

# XIII. Zeugnissprache

## 1. Allgemeines

Entgegen allen anderslautenden Bekundungen und Beteuerungen, **es gibt sie doch:** Die Geheimsprache in Arbeitszeugnissen! Zu den sog. Geheimzeichen, Anführungsstrichen, Ausrufezeichen etc. wurde ja bereits oben im Zusammenhang mit der äußeren Form von Zeugnissen Stellung genommen (S. 57). Hier gilt zusammengefasst folgendes: Durch die Benutzung von solchen Merkmalen wird die Aussage verändert, entkräftet oder mit einem ironischen Beigeschmack belegt; so etwas ist unzulässig (siehe ArbG Bochum DB 1970, 1085): Ein Zeugnis darf nicht durch widersprüchliche und verschlüsselte bzw. doppelbödige Formulierungen Arbeitnehmer in ihrem beruflichen Fortkommen behindern (vgl. LAG Hamm MDR 1999, 1073).

Worin besteht nun aber – außer in der Verwendung von optisch leicht erkennbaren Zeichen – die geheime Zeugnissprache (vgl. umfassend: Weuster BB 1992, 58; krit. Hunold DB 1993, 224)? Negative Vorkommnisse, Eigenschaften oder Verhaltensweisen des Arbeitnehmers werden „durch die Blume“ derart ausgedrückt, dass beim ungeübten Betrachter ein völlig positiver Eindruck entsteht, während der erfahrene Zeugnisleser in der Regel sofort die versteckte Botschaft erkennt.

Versteckte Aussagen können auch durch Auslassung, d. h. das sog. **beredte Schweigen** gemacht werden: Hier unterbleibt eine Erklärung zu einem Punkt, zu dem üblicherweise eine Angabe erwartet wird. Unterbleibt z. B. bei einer Kassiererin die Erwähnung ihrer Ehrlichkeit (vgl. BAG AP Nr. 6 zu § 630 BGB), wird hierdurch ein „Griff in die Kasse" angedeutet. Bei dem Redakteur einer Tageszeitung kann eine Aussage zur Belastbarkeit in Stresssituationen zum üblichen Zeugnisinhalt gehören (vgl. aktuell BAG NZA 2008, 1349 = FA 2009, 16).

Seit dem 1.1.2003 gilt die Zentralnorm des Zeugnisrechts, § 109 GewO, mit folgendem Absatz 2:

> Das Zeugnis muss klar und verständlich formuliert sein. Es darf keine Merkmale oder Formulierungen enthalten, die den Zweck haben, eine andere als aus der äußeren Form oder aus dem Wortlaut ersichtliche Aussage über den Arbeitnehmer zu treffen.

Schleßmann (S. 183) spricht von dieser Vorschrift zutreffend als dem Transparenzgebot des Zeugnisrechts.

## 2. Leistungsbeurteilung/Notenskala

Hier existiert eine zum Teil sogar höchstrichterlich abgesegnete Formulierungspraxis, die zu Interpretationen keinen Raum mehr lässt (Schaub/*Linck* ArbR-Hdb § 146 III 2; vgl. Erfk/*Müller-Glöge* § 109 GewO Rn. 30; Weuster AiB 1992, 328; Hohmeister PersR 1992, 399). Im Einzelnen bedeutet:

**(a)** „Er (Sie) hat die ihm (ihr) übertragenen Aufgaben stets zu unserer vollsten Zufriedenheit erledigt".

Diese Beurteilung ist das höchste Lob, das praktisch nur noch dadurch gesteigert werden kann, dass eine ganz detaillierte und individualisierte Leistungsbeschreibung angefügt wird. Sie bedeutet, dass der Arbeitnehmer sehr gute Leistungen gezeigt hat, also: **Schulnote 1!** Wenn auch das Adjektiv „voll" eigentlich nicht mehr steigerbar ist, so kommt man hieran bei der Bewertung eines überdurchschnittlichen Mitarbeiters auf Grund der seit Jahrzehnten gängigen

Praxis nicht vorbei (vgl. BAG PersR 1993, 329 mit Anm. Hohmeister = AuR 1993, 87 Ls.; Weuster BB 1992, 638). Die gleiche Wertstufe wird durch Floskeln wie

„Wir waren stets mit seinen Leistungen außerordentlich zufrieden"

oder

„Seine Leistungen haben in jeder Hinsicht unsere vollste Anerkennung gefunden"

oder

„Er hat unsere Erwartungen immer und in allerbester Weise erfüllt"

oder einfach

„Seine Leistungen waren stets sehr gut"

zum Ausdruck gebracht (vgl. Schleßmann, S. 197).

Wichtig ist hier, dass die Bewertung aus einem Zeitmoment einerseits („stets" bzw. „immer") und einem qualitativen Element andererseits („vollste", „außerordentlich" bzw. „in allerbester Weise") besteht. Fehlt eines der beiden Merkmale, die über die Kontinuität und die Qualität der Arbeitsleistung Auskunft geben, ist nicht mehr die Notenstufe 1 gegeben, sondern eine der nachfolgenden Wertungen.

**(b)** „Er hat die ihm übertragenen Aufgaben stets zu unserer vollen Zufriedenheit erledigt".

Diese Beurteilung gilt allgemein als die zweitbeste erreichbare Bewertung; sie bringt über dem Durchschnitt liegende, gute Leistungen (vgl. LAG Bremen NZA-RR 2001, 287) zum Ausdruck, **also: Schulnote 2!**

Hat ein Arbeitnehmer während der gesamten Beschäftigungszeit ohne Beanstandungen gearbeitet, verdient dies die oben genannte Heraushebung (vgl. LAG Düsseldorf DB 1985, 2692 = NZA 1985, 503 Weuster aaO. u. Hohmeister aaO.).

Die gleiche Notenstufe wird durch folgende Floskeln ausgedrückt:

„Wir waren während der gesamten Beschäftigungszeit mit seinen Leistungen voll und ganz zufrieden"

oder

„Seine Leistungen waren voll und ganz zufrieden stellend"

oder

„Er hat unseren Erwartungen in jeder Hinsicht und bester Weise entsprochen"

oder einfach

„Seine Leistungen waren gut".

Auch bei dieser ebenfalls überdurchschnittlichen Wertung sind sowohl das Zeit- als auch das Qualitätsmoment enthalten.

**(c)** „Er hat die ihm übertragenen Aufgaben zu unserer vollen Zufriedenheit erledigt".

Es fällt sofort das Fehlen des Zeitfaktors auf, was bedeutet, dass man mit dem Arbeitnehmer zwar „voll zufrieden" war, nicht jedoch während der Gesamtdauer seiner Tätigkeit, ergo: **Schulnote 3!**

Auch über diese Wertung besteht weitgehend Einigkeit: die Auslassung des Zeitmoments „stets" muss jedenfalls als sog. bewusste Auslassung angesehen werden, mit dem in zeitlicher Hinsicht der ansonsten gute Leistungsfaktor deutlich relativiert wird. Umgekehrt kann durch Angabe gleich bleibender Arbeitsqualität, deren Niveau jedoch niedriger liegt, dasselbe Urteil abgegeben werden. Daher ergeben die folgenden Floskeln gleichwertige Benotungen:

„Er hat die ihm übertragenen Aufgaben stets zu unserer Zufriedenheit erledigt"

oder

„Seine Leistungen waren stets zufrieden stellend"

oder

„Er hat unseren Erwartungen in jeder Hinsicht entsprochen".

Mit diesen Urteilen wird dem Arbeitnehmer zumindest eine befriedigende, weil nicht zu beanstandende und gute Durchschnittsleistung attestiert (vgl. BAG AP Nr. 11 zu § 630 BGB = DB 1976, 2211; LAG Köln MDR 2000, 91, LAGE Nr. 35 zu § 630 BGB = NZA-RR 2000, 235 u. LAGE Nr. 23 zu § 630 BGB = NZA-RR 1996, 41; LAG Düsseldorf LAGE Nr. 2 zu § 630 BGB; ebenso: LAG Bremen NZA-RR 2001, 287; Löw NJW 2005, 3605 u. MüKoBGB/*Henssler* § 630 Rn. 98).

**(d)** „Er hat die ihm übertragenen Aufgaben zu unserer Zufriedenheit erledigt".

Hier fehlt zum einen das Zeitmoment „stets"; die Leistungsqualität wird außerdem ohne ein Adjektiv dargestellt, das die Zufriedenheit des Arbeitgebers näher umschreibt. Es fehlt die positive Ergänzung der nur zufrieden stellenden Wertung. Dies ergibt im Klartext ein nur mäßiges Leistungsniveau, welches auch nicht von guten oder schlechten „Ausrutschern" durchbrochen wurde, also: **Schulnote 4!**

Diese Wertung wird in der Rechtsprechung einheitlich als unterdurchschnittliche, noch ausreichende Beurteilung eingestuft (vgl. LAG Köln MDR 2000, 91 u. LAGE Nr. 35 zu § 630 BGB = NZA-RR 2000, 235; LAG Hamm LAGE Nr. 12 zu § 630 BGB; LAG Düsseldorf DB 1980, 546; LAG Frankfurt LAGE Nr. 3 zu § 630 BGB = DB 1988, 1071 = BB 1987, 2370; ebenso: MüKoBGB/*Henssler* § 630 Rn. 99). Dieselbe Bewertung ist in den Floskeln

„Mit seinen Leistungen waren wir zufrieden"

oder

„Er hat unseren Erwartungen entsprochen"

oder

„Wir waren mit Herrn N. zufrieden"

oder

„Er hat zufrieden stellend gearbeitet"

enthalten.

Wenn nicht aus den übrigen Aussagen im Zeugnis eine günstigere Tendenz herauszulesen ist oder die Abschlussfloskel (siehe hierzu unten S. 122) positive Elemente enthält, kommt das Arbeitszeugnis hier nicht über ein „ausreichend", also die Schulnote 4, hinaus! Dasselbe gilt, wenn ansonsten im Zeugnis nur noch nichtssagende, quasi „neutrale" Bemerkungen anzutreffen sind.

**(e)** „Er hat die ihm übertragenen Aufgaben im Großen und Ganzen zu unserer Zufriedenheit erledigt."

Diese Bewertung ist klar: Der Zeitfaktor fehlt ebenso wie ein Zusatz zur „Zufriedenheit"; diese wird zusätzlich durch „im Großen und Ganzen" noch einmal eingeschränkt. Im Ergebnis also: **Schulnote 5!**

Oftmals trifft man auch Arbeitszeugnisse an, in denen die „Zufriedenheit“ ganz fehlt und die mangelhaften Leistungen wie folgt ausgedrückt werden:

„Er hat unsere Erwartungen größtenteils erfüllt“

oder

„Er führte die ihm übertragenen Aufgaben mit großem Fleiß und Interesse durch“.

Zu der zweiten Formulierung hat bereits das BAG vor über 20 Jahren entschieden, dass der Arbeitnehmer sich zwar bemüht, im Ergebnis jedoch nichts geleistet habe (vgl. BAG AP Nr. 12 zu § 630 BGB = DB 1977, 1369 = BB 1977, 997; ebenso: Löw NJW 2005, 3605). Enthält die Beurteilung den Zusatz „zum großen Teil“, so liegt darin eine die Leistungen abwertende Einschränkung, deren Beseitigung der Arbeitnehmer verlangen kann, wenn seine gut durchschnittlichen Leistungen im Übrigen unstreitig sind (vgl. LAG Köln LAGE Nr. 23 zu § 630 BGB = NZA-RR 1996, 41). Ein ähnlich herabqualifizierendes Werturteil ist in der Floskel

„Er erbrachte insgesamt zufriedenstellende Leistungen“

enthalten. Hiermit werden nicht ausreichende Arbeitsleistungen bescheinigt (vgl. LAG Köln LAGE Nr. 34 zu § 630 BGB). Dasselbe ist über die Floskel

„Er machte sich mit großem Eifer an die ihm übertragenen Aufgaben heran“

zu sagen: Mehr als ein „Sich-Heranmachen“ soll als Endresultat nicht bestätigt werden.

Nach Erhalt eines solchen Zeugnisses gibt es nur zwei Möglichkeiten: Entweder Berichtigung oder Neuerteilung fordern oder auf ein einfaches Zeugnis „umsteigen“, falls die gerichtliche Geltendmachung – in diesem Fall ausnahmsweise bzw. wider Erwarten – keinen Erfolg versprechen sollte!

**(f)** „Er bemühte sich, die ihm übertragenen Aufgaben zufriedenstellend zu erledigen“.

Dieses Urteil ist niederschmetternd und wäre wohl lediglich durch eindeutig negative, allerdings unzulässige Formulierungen wie „er wurde seinen Aufgaben nicht gerecht“ oder „er hat unseren Erwartungen nicht entsprochen“ zu übertreffen, daher: **Schulnote 6!**

Im Folgenden sollen noch Wertungen vorgestellt werden, die ebenfalls ungenügende Leistungen widerspiegeln, wie z. B.:

„Er hatte Gelegenheit, die ihm übertragenen Aufgaben zu erledigen“

oder

„Er hat sich nach Kräften bemüht, die Leistungen zu erbringen, die wir an diesem Arbeitsplatz normalerweise erwarten“

oder

„Er erfasste das Wesentliche und bemühte sich um sinnvolle Lösungen“

oder

„Er zeigte für seine Arbeit Verständnis und Interesse“

oder

„Er hatte Gelegenheit, seine Aufgaben kennenzulernen und machte Vorschläge zu ihrer Bewältigung“

oder

„Er setzte sich im Rahmen seiner Möglichkeiten ein“

oder

„Neue Aufgaben betrachtete er als Herausforderung, der/denen er sich mutig stellte“

etc.

Die Liste ließe sich nahezu endlos fortsetzen und wäre dennoch laufend zu aktualisieren bzw. zu ergänzen angesichts der nicht versiegenden Phantasie der heutigen Zeugnisaussteller. Sie kann daher nur eine **Orientierungshilfe** sein für neu auftauchende Formulierungen, bei „alten Bekannten“ mag sie als Messlatte dienen! Wie bei Erhalt eines Arbeitszeugnisses mit einem derartigen Leistungsurteil vorzugehen ist, wurde bereits bei den mangelhaften Wertungen (Schulnote 5) dargestellt.

Fehlt in einem qualifizierten Arbeitszeugnis eine Bewertung der Leistungen ganz und wird dem Arbeitnehmer auch in der Schlussfloskel hierfür nicht gedankt, drückt dies als sog. beredtes Schweigen ebenfalls aus, dass die Leistungen „mangelhaft", wenn nicht gar „ungenügend" waren.

Vorsicht ist auch bei der Verneinung negativer Aussagen an Stelle von positiven Angaben geboten. So bedeutet die Formulierung

„Er erzielte bei der Erledigung seiner Aufgaben nicht unbedeutende Erfolge"

nichts anderes, als dass seine Arbeitserfolge eben nicht bedeutend waren, ganz abgesehen davon, dass **der ironische Unterton** nicht ins Arbeitszeugnis gehört. In gleicher Weise besagt die Passage

„Ihm oblag die Erstellung der Jahresabschlüsse"

bzw.

„Er hatte die Jahresabschlüsse zu erstellen"

bzw.

„Zu seinem Aufgabengebiet gehörte die Erstellung der Jahresabschlüsse"

nichts darüber, ob und vor allem wie diese Arbeit erledigt wurde (ebenso: Weuster BB 1992, 58). Statt solch schwacher Worte sollten **aktive Verben** wie „erstellte", „erledigte" oder „führte aus" verwendet werden, die zu Spekulationen im Hinblick auf die Durchführung der Arbeit keinen Anlass geben.

Hier begegnet man sicherlich des Öfteren dem Vorwurf übergroßer Sensibilität, der aber nicht gerechtfertigt ist: Da die deutsche Sprache einerseits – bei allem Erfindungsgeist der Zeugnisaussteller – doch nur begrenzt variationsfähig ist, andererseits Arbeitszeugnisse nicht negativ, sondern wahr, aber doch wohlwollend abzufassen sind, ist eine gesunde Skepsis bei praktisch jeder Zeugnisformulierung angebracht. Mit anderen Worten: Der Teufel steckt oft im Detail!

Der Vollständigkeit halber ist noch anzumerken, dass in der Literatur teilweise vertreten wird, dass es zusätzlich zu den oben dargestellten sechs Notenstufen noch weitere, nämlich **Zwischenstufen** geben soll (so namentlich Schleßmann, S. 196). Dem kann jedoch aus folgenden Überlegungen nicht zugestimmt werden: Zum einen besteht gar keine Veranlassung für Zwischennoten wie „1,5", „2,5" oder „4,5"; zum anderen trägt die sprachliche Differenzierung gar nicht das gewünschte Ergebnis einer solchen geradezu filigranen, Notenskala. Schleßmann (S. 196) stellt insoweit zutreffend fest, dass es hier „keine hinreichend übereinstimmende Sprachregelung in der Zeugnissprache" gibt. Außerdem darf nicht übersehen werden, dass die Leistungsbeurteilung ja nicht gänzlich allein im Zeugnis, sondern im Zusammenhang mit den übrigen Aussagen, insbesondere auch der Schlussfloskel (siehe hierzu unten S. 122) steht, wodurch jede der sechs Notenstufen ohnehin noch einmal eine feinere Nuance erhält. Abgesehen davon ist aber auch schlichtweg anzuerkennen, dass – bei aller gängiger Formulierungspraxis – immer noch ein beachtlicher Spielraum verbleibt für eine eigene Einschätzung der jeweiligen Zeugnisfloskel. Der oft gebrauchte Spruch „Drei Juristen – vier Meinungen!" erscheint in diesem Zusammenhang zwar überzogen, das Unfehlbarkeitsdogma kann aber bei der Interpretation von Arbeitszeugnissen wohl niemand für sich in Anspruch nehmen!

## 3. Allgemeine Verhaltensbewertungen

Auch hier besteht oft Rätselraten sogar über Wendungen, die häufig wiederkehren und deren Bedeutung unter versierten Zeugnisausstellern und -lesern doch ziemlich einheitlich beurteilt wird. Deshalb sollen im Folgenden die geläufigsten der heutzutage gebrauchten Floskeln vorgestellt und entschlüsselt werden. Die Darstellung teilt sich auf in **Aussagen zum Sozialverhalten** des Arbeitnehmers im Allgemeinen und zu den besonderen Themen, die im Einzelnen unter den Stichworten **„Abmahnung" bis „Zivildienst"** bereits angesprochen wurden.

Enthält ein Arbeitszeugnis z. B. die Formulierung

„Sein Verhalten im Dienst war angemessen",

so bedeutet dies nichts anderes, als dass er weder freundlich, hilfsbereit noch korrekt gehandelt hat, sein Verhalten war also schlichtweg „mangelhaft"! Die Formulierung erinnert an ein ärztliches Bulletin, in dem erklärt wird, dass es dem Patienten „den Umständen entsprechend" gehe, was im Ergebnis auch nichts anderes als schlecht bedeutet.

Steht im Zeugnis etwa

„Wir lernten ihn als umgänglichen Kollegen kennen",

so ist damit gemeint, dass ihn die meisten Kollegen nicht mochten (ebenso: MüKoBGB/*Henssler* § 630 Rn. 101), mit ihm nicht klar kamen, auf gut deutsch: Man sah ihn lieber von hinten als von vorn!

Unlängst wurde der Gebrauch der Worte „kennen gelernt" heftig diskutiert: Nach Ansicht des LAG Hamm drücken diese Begriffe stets das Nichtvorhandensein der im Kontext genannten Fähigkeit oder Eigenschaft aus (vgl. LAG Hamm BB 2001, 629 mit Anm. v. Weuster; BB 2000, 1786 u. BB 2000, 1090 mit Anm. v. Schleßmann). Diese Diskussion hat das BAG zumindest vorläufig durch Urteil vom 15.11.2011 – 9AZR 386/10 dahingehend entschieden, dass die Wendung „wir haben Herrn K. als sehr interessierten und hoch motivierten Mitarbeiter kennen gelernt, der stets eine sehr hohe Arbeitsbereitschaft zeigte", keine dem Gebot der Zeugnisklarheit widersprechende, verschlüsselte Formulierung (Geheimcode) darstellt und nicht zum Ausdruck bringt, dass die im Zusammenhang angeführten Eigenschaften tatsächlich nicht vorliegen (vgl. BAG NZA 2012, 448 = AP Nr. 3 zu § 109 GewO mit krit. Anm. d. Verf. Schulz). Bei aller Übereinstimmung mit dieser Entscheidung darf aber nicht verkannt werden, dass diese zu einem fast drei-jährigen und nicht zu einem nach der Probezeit beendeten Arbeitsverhältnis erging. Daher muss dem BAG hinsichtlich dieser konkreten Wortwahl ausdrücklich widersprochen werden: die Wörter „kennen gelernt" sind bei drei Jahren Beschäftigungsdauer schlicht deplatziert und nur bei kurzer Vertragslaufzeit (z. B. bei Beendigung innerhalb der Probezeit) vom Wortsinn zutreffend und angemessen.

Es wurde oben bereits gesagt, dass die Floskel

„Er war sehr tüchtig und wusste sich gut zu verkaufen"

einem Arbeitnehmer bescheinigt, dass er ein unangenehmer Zeitgenosse, ein Wichtigtuer sei (vgl. MüKoBGB/*Henssler* § 630 Rn. 101). In dieselbe Richtung zielt die Bemerkung

„Im Umgang mit Kollegen und Vorgesetzten zeigte er durchweg eine erfrischende Offenheit",

durch die auch nichts anderes ausgedrückt wird, als dass er ein vorlauter Mensch mit quasi „eingebauter Vorfahrt" sei (vgl. LAG

Hamm BB 2000, 1090 = MDR 1999, 1073). Dieselbe Tendenz enthält die Angabe

„Seine Auffassungen wusste er intensiv zu vertreten",

(vgl. Löw NJW 2005, 3605), die noch dadurch gesteigert wird, dass seine Auffassungen als „fest", „bestimmt" oder „ausgeprägt" gekennzeichnet werden. Liest man in einem Arbeitszeugnis

„Bei seinen Kollegen/Mitarbeitern galt er als toleranter Mitarbeiter/Kollege",

so kommt hiermit zum Ausdruck, dass es auf der Gleichordnungsebene keine Probleme gab. Wenn – wie hier – jedoch eine Aussage über das Verhältnis zu seinen Vorgesetzten fehlt, spricht dieses beredte Schweigen eine deutliche Sprache, nämlich: Mit seinen Vorgesetzten hatte er Schwierigkeiten bzw. umgekehrt sie mit ihm (so auch Weuster BB 1992, 58).

**Daraus folgt:** Aussagen zum Verhalten müssen sich immer sowohl auf die Gleichordnungsebene (Kollegen) als auch auf die Überordnungsebene (Vorgesetzte) beziehen; wird eine Ebene ausgelassen, werden dadurch Probleme angedeutet!

Aber nicht nur die Auslassung hat eine Bedeutung, auch die **Reihenfolge von Aussagen** kann eine verschlüsselte Botschaft enthalten; das verdeutlicht folgendes Beispiel:

„Das Verhalten von Herrn F. gegenüber Mitarbeitern und Vorgesetzten war stets einwandfrei".

Diese scheinbar vollkommen positive Wertung hat einen Haken: Es ist heutzutage nämlich üblich, das Verhalten eines Arbeitnehmers gegenüber seinen Vorgesetzten an erster, gegenüber Kollegen erst an zweiter Stelle zu nennen. Wird diese allgemeine Handhabung nicht eingehalten und das Verhalten gegenüber Vorgesetzten nachrangig behandelt, bringt der Zeugnisaussteller damit nach weitverbreitetem Verständnis (Weuster aaO.; Löw aaO.; a. A. ArbG Neumünster Urt. v. 12.7.1994 – 1 c Ca 705/94; ebenso: ArbG Saarbrücken AiB 2001, 615) zum Ausdruck:

„Er hatte zu seinen Mitarbeitern ein weit besseres Verhältnis als zu seinen Vorgesetzten".

Die Formulierung

„Sein Verhalten gab zu keinen Beanstandungen Anlass"

stellt nach zutreffender Ansicht des ArbG Frankfurt (vgl. NZA-RR 2002, 182) eine unterdurchschnittliche Bewertung dar.

## 4. Verhaltensbewertungen in alphabetischer Reihenfolge

Entsprechend der Reihenfolge in der obigen alphabetischen Darstellung sollen nun weitere gängige und weniger geläufige Zeugnisfloskeln dargestellt werden.

**Alkohol:** Die Angabe

„Er hat zur Verbesserung des Betriebsklimas beigetragen"

bedeutet, dass der Arbeitnehmer gegen einen Schluck Alkohol im Dienst nichts einzuwenden hatte, was auch durch

„Er trug durch seine Geselligkeit zur Verbesserung des Betriebsklimas bei"

ausgedrückt wird (i. Erg. ebenso: Löw NJW 2005, 3605)

**Beendigung/Kündigung:** Taucht im Arbeitszeugnis die Floskel

„Wir haben uns von Herrn V. einvernehmlich zum 30.6.2002 getrennt"

auf, so deutet dies nach allgemeiner Auffassung – trotz des genannten Einvernehmens – auf eine Kündigung durch den Arbeitgeber hin oder darauf, dass dem Arbeitnehmer nahegelegt wurde, selbst zu kündigen, um ein Gekündigtwerden zu vermeiden (LAG Köln LAGE Nr. 11 zu § 630 BGB, Weuster aaO.). Nach verbreiteter Ansicht soll hierin auch die Andeutung eines Prozessvergleichs zur Beendigung eines Rechtsstreits über eine fristlose Kündigung mit einer Einigung zum ordentlichen Kündigungstermin liegen (vgl. MüKo BGB/*Henssler* § 630 Rn. 102). Eine tatsächlich einvernehmliche Beendigung wird hingegen durch die Formulierung

„Das Arbeitsverhältnis von Frau K. endete in gegenseitigen Einvernehmen mit dem ... (Datum)"

ausgedrückt. Hier wird deutlich, dass das auf Arbeitgeber-Aktivität hinweisende Verb „trennen" fehlt, wodurch die Einvernehmlichkeit betont wird. Steht im Arbeitszeugnis lediglich

„Das Arbeitsverhältnis von Herrn A. endete am 31.3.2015"

beinhaltet dies regelmäßig, dass eine Kündigung des Arbeitgebers erfolgt ist. Da hier regelmäßig für den Arbeitnehmer negative Schlüsse gezogen werden, nämlich eine personen- oder verhaltensbedingte Kündigung durch den Arbeitgeber unterstellt wird (vgl. Schmid DB 1988, 2253), wird heute in zunehmendem Maß bei betrieblich veranlasster Auflösung des Arbeitsverhältnisses eine entsprechende Formulierung zur Klarstellung gewählt (LAG Köln aaO.), wie z. B.:

„Das Arbeitsverhältnis von Frau H. musste wegen umfangreicher Rationalisierungs- und Personaleinsparungsmaßnahmen zum 30.6.2014 fristgerecht beendet werden"

oder

„Aufgrund der Umgestaltung der Public Relations-Arbeit in unserem Haus scheidet Herr L. zum 31.12.2014 aus"

oder

„Wir mussten das Arbeitsverhältnis von Frau S. wegen eines außerordentlichen Auftragsrückgangs leider fristgerecht zum 30.9.2014 beenden".

Durch solche und ähnliche Floskeln wird dem Arbeitnehmer im Zeugnis bescheinigt, dass nicht er, sondern betriebliche Gründe für das Ende des Arbeitsvertrags ausschlaggebend war bzw. waren.

An dieser Stelle ist anzumerken, dass die vorstehenden Formulierungen in aller Regel ausreichen, wenn sie in einem gerichtlichen Vergleich oder einem außergerichtlichen Aufhebungs- oder Abwicklungsvertrag enthalten sind, um dem Arbeitnehmer für eine aus Anlass des Ausscheidens gezahlte **Abfindung** die Zahlung von Sozialversicherungsbeiträgen zu ersparen. Solche Entschädigungen sind nicht beitragspflichtig iSd. Sozialversicherung (vgl. BAG NZA 1989, 270 = DB 1989, 327 = BB 1989, 428; so jetzt auch BSG DB 1990, 1520 = BB 1990, 1350).

**Betriebsratstätigkeit:** Sie wird ebenfalls wie gewerkschaftliche Mitarbeit in Arbeitszeugnissen wie folgt angedeutet:

„Herr H. trat sowohl innerhalb wie auch außerhalb unseres Unternehmens engagiert für die Interessen der Arbeitnehmer und Arbeitnehmerinnen auf".

Dass eine solche codierte Floskel unzulässig ist, hat das Arbeitsgericht Ludwigshafen vor vielen Jahren bereits entschieden (vgl. BB 1987, 1464, oben S. 96; ebenso Becker-Schaffner BB 1989, 2105).

Ähnliche Umschreibungen werden für Tätigkeiten als Personalrat, als Vertrauensmann der Schwerbehinderten etc. verwandt.

**Erfindungen/Verbesserungsvorschläge:** Sie sind nur dann gut, wenn sie vom Arbeitnehmer gemacht und vom Arbeitgeber übernommen bzw. anerkannt werden. Steht aber in einem Zeugnis der Satz

„Herr P. zeichnete sich insbesondere dadurch aus, dass er viele Verbesserungsvorschläge zur Arbeitsvereinfachung/-erleichterung machte",

so deutet dies ohne einen Zusatz wie „... die auch von uns übernommen wurden" darauf hin, dass sich hier ein ziemlich besserwisserischer Arbeitnehmer Vorschläge zu seiner eigenen Erleichterung bzw. im Interesse eigener Bequemlichkeit überlegt hat, ein rundum negatives Urteil also!

**Gewerkschafts- und Parteizugehörigkeit:** Siehe oben zum Thema Betriebsratsarbeit: Die dortigen Ausführungen gelten hier entsprechend!

**Pünktlichkeit:** Taucht in einem Zeugnis der Passus auf,

„Herr K. war wegen seiner Pünktlichkeit stets ein gutes Vorbild",

steht nichts anderes dahinter, als dass Herr K. zwar pünktlich, ansonsten aber ein Versager war. Dies erklärt sich dadurch, dass durch die Betonung der selbstverständlichen Pünktlichkeit alles andere ins Hintertreffen gerät, nämlich das, worauf es tatsächlich ankommt: Arbeitsleistung, -einsatz, -erfolg etc. (ebenso: Löw NJW 2005, 3605; a. A. ArbG Bayreuth NZA 1992, 799)!

**Sexualverhalten:** Bescheinigt ein Arbeitgeber einem Arbeitnehmer im Zeugnis

„Er bewies für die Belange der Belegschaft stets Einfühlungsvermögen",

so bringt er damit zum Ausdruck, dass der Mitarbeiter flirtete, wo es nur ging, und ständig auf der Suche nach Sexualkontakten war (ebenso Löw aaO.). Findet sich in einem Arbeitszeugnis die Aussage

„Für die Belegschaft bewies er/sie ein umfassendes Einfühlungsvermögen", wird damit nach allgemeiner Ansicht angedeutet, dass er homosexuell bzw. sie lesbisch war bzw. ist. Dass Aussagen zu diesem Thema – auch in dieser verschlüsselten Form – unzulässig sind, wurde bereits festgestellt (s. oben S. 103): sie verletzen die Intimsphäre des Arbeitnehmers.

**Streikteilnahme, Aussperrung u. ä.:** Hier werden zum Teil ähnliche Formulierungen gebraucht wie die zum Thema Betriebsratstätigkeit vorgestellte Floskel. In jedem Fall sind Andeutungen zu besonderem „Engagement für Arbeitnehmerinteressen außerhalb des Betriebs" unzulässig (vgl. Schleßmann, S. 60) und gehören schon deshalb nicht ins Arbeitszeugnis, weil dieses nur Aussagen über das Arbeitsverhältnis enthalten darf.

Zu vorstehender Auflistung gilt ebenfalls, dass sie nicht abschließend sein kann angesichts der sich fortentwickelnden Formulierungskünste der Zeugnisaussteller und deshalb nur als Auslegungshilfe für gängige und weniger geläufige Zeugnisfloskeln dienen soll.

## 5. Schlussfloskel

Wie schon angedeutet, steht weder die Leistungs- noch die Verhaltensbeurteilung allein im Arbeitszeugnis. Alle Aussagen bilden ein **einheitliches Ganzes,** das aber keine ganz einheitliche Aussage enthalten muss. Das heißt, dass sowohl Leistungs- als auch Verhaltensurteil immer im Zusammenhang mit der Schlussfloskel zu sehen sind. Diese kann die vorangegangenen Wertungen ergänzen, sie relativieren oder aber auch nahezu in ihr Gegenteil verkehren. Dieser Funktion der Abschlussfloskel wird aber ganz allgemein zu wenig Beachtung geschenkt. Auch hier gibt es zahlreiche Variationen, durch die die unterschiedliche Wertschätzung des Arbeitnehmers zum Ausdruck gebracht wird (LAG Köln LAGE Nr. 11 zu § 630 BGB; Schmidt DB 1988, 2253). Nach neuerer Ansicht des BAG soll der Arbeitnehmer aber keinen Anspruch auf eine Schlussfloskel haben (vgl. BAG NJW 2001, 2995).

Die **Schlussfloskel** besteht grundsätzlich aus **drei Teilen** (ebenso Schleßmann, S. 84), nämlich der Aussage zur **Beendigung** des Arbeitsverhältnisses (siehe hierzu oben S. 79 ff.), der **Dankesformel** und den **Zukunftswünschen.** Grundsätzlich gilt hier: **je ausführlicher die Schlussfloskel, desto besser der Mitarbeiter!**

(**a**) Enthält das Zeugnis beispielsweise lediglich

„Das Arbeitsverhältnis von Herrn P. endete am 31.3.2014",

so wird zwar keine Aussage zu Beendigungsgrund und -modalität gemacht, nach allgemeiner Auffassung jedoch eine Kündigung durch den Arbeitgeber angedeutet. Wird eine betriebliche Veranlassung nicht mitgeteilt, lässt dies regelmäßig auf Gründe in der Person bzw. im Verhalten des Arbeitnehmers schließen. Fehlt außerdem der Ausspruch von Dank und Zukunftswünschen, wird klar, dass das Ausscheiden dieses Zeugnisinhabers von niemandem bedauert wird, da man mit ihm ganz einfach äußerst unzufrieden war, ergo: **Schulnote „mangelhaft"!**

(**b**) Steht im Arbeitszeugnis

„Herr J. verlässt uns zum 30.9.2014 auf eigenen Wunsch",

bedeutet dies zwar, dass die Beendigungsinitiative vom Arbeitnehmer selbst ausging (vgl. Schmid aaO.). Ohne weiteren Zusatz beinhaltet dieser Passus aber auch die Aussage, dass man dem Arbeitnehmer keine Steine in den Weg gelegt hat, also froh über seinen Weggang war bzw. ist.

Wenn zu den beiden vorstehenden Schlussfloskeln keine gute Leistungs- bzw. Verhaltensnote hinzukommt, wird die Gesamtnote über ein **„ausreichend"** kaum hinauskommen.

In diesem Zusammenhang wird zum Teil vertreten, dass niemand zum Ausspruch von Dank, Bedauern oder Zukunftswünschen verpflichtet sei, jedenfalls nicht rechtlich, allenfalls aus moralischen Gründen (vgl. ArbG Bremen NZA 1992, 800). Das LAG Frankfurt führt in seinem Urteil vom 16.1.1981 – 6 Sa 876/80 dazu aus:

> „Zu einem Dank kann eine Partei rechtlich nicht verpflichtet sein, da es sich insoweit um einen Ausdruck gesellschaftlichen Umgangs und Anstandes handelt, der rechtlich nicht erzwingbar ist".

Dieser Ansicht ist grundsätzlich zu widersprechen, und zwar bereits aufgrund folgender Überlegung: Bescheinigt beispielsweise der Arbeitgeber dem ausscheidenden Arbeitnehmer in einem Zeugnis gute oder sogar sehr gute Leistungen und Führung, würde er sich ohne eine komplette Schlussfloskel mit Dankesformel und Zukunftswünschen meines Erachtens in Widerspruch zur vorausgegangenen guten Beurteilung setzen mit der Folge, dass in einem solchen Fall ein Anspruch des Arbeitnehmers auf entsprechende Zeugnisergänzung besteht.

(**c**) Findet sich in einem Zeugnis die Bemerkung

„Herr Z. verlässt uns auf eigenen Wunsch. Wir bedauern sein Ausscheiden und wünschen ihm für die Zukunft alles Gute",

deutet dies auf eine gute, durchschnittliche Bewertung hin. Enthält das Zeugnis auch ein in diese Richtung zielendes Leistungs- und Führungsurteil, wird sich im Regelfall als Gesamtnote ein **„befriedigend"** ergeben.

(**d**) Lautet die Schlussfloskel hingegen

„Frau K. verlässt uns auf eigenen Wunsch, um sich einer neuen Aufgabe in einem anderen Unternehmen zu widmen. Wir bedauern ihr Ausscheiden sehr und verbinden mit unserem Dank für die bei uns geleistete Arbeit die besten Wünsche für ihre berufliche Zukunft",

kann davon ausgegangen werden, dass hier eine wirklich gute Mitarbeiterin – sofern nicht Führung und Leistung ganz anders beurteilt wurden – ausscheidet und der an sie gerichtete Dank sowie die Zukunftswünsche ehrlich gemeint sind, ergo: **Notenstufe „gut"!**

Bei dem Ausdruck des Bedauerns und der Zukunftswünsche kann der Zeugnisaussteller im Übrigen auch am wenigsten manipulieren; auf ironisch gemeinte Floskeln wird unten S. 125 f. noch eingegangen.

(**e**) Enthält das Zeugnis die Aussage

„Herr N. verlässt uns auf eigenen Wunsch, um sich einer größeren Aufgabe in einem anderen Unternehmen zu widmen. Er hat sich unserem Haus gegenüber bleibende Verdienste erworben. Wir bedauern sein Ausscheiden außerordentlich und wünschen ihm an seiner neuen Wirkungsstätte sowie für seinen weiteren beruflichen Werdegang alles Gute, viel Glück und Erfolg",

wird klar, dass es sich hier – bei gleich guter Bewertung von Führung und Leistung – um einen sehr guten Arbeitnehmer handelt, dessen Austritt wirklich bedauert bzw. als echter Verlust angesehen wird, also: Schulnote **„sehr gut“!**

Die Formulierung von Dankesformel und Zukunftswünschen sowie des Bedauerns lässt sich über die genannten Beispiele hinaus und durch entsprechende Adjektive und Adverbien steigern. Dabei ist aber zu beachten, dass die Schlussfloskel in einem „gesunden“ Verhältnis zu den übrigen Aussagen stehen muss und, dass das Zeugnis nicht zu sehr überladen werden sollte, da es sonst gekünstelt bzw. unglaubwürdig erscheint, was wiederum dem Arbeitnehmer hinderlich sein könnte.

Da private Dinge nicht ins Zeugnis gehören (vgl. LAG München ARST 1977 Nr. 1185), sind Wünsche für die **private Zukunft** des Arbeitnehmers kein notwendiger Bestandteil des Zeugnisses, drücken nach allgemeiner Ansicht aber die besondere Wertschätzung durch den Arbeitgeber aus. Einklagbar sollen sie jedoch nach früher vertretener Auffassung nicht sein (vgl. LAG Frankfurt Urteil vom 16.1.1981 – 6 Sa 876/80).

Die Schlussfloskel kann aber auch das negative Ende eines Arbeitszeugnisses sein. Lautet sie beispielsweise

„Das Arbeitsverhältnis von Herrn P. endete am 31.3.2014. Wir hoffen, dass er in einem anderen Unternehmen eine seinen Fähigkeiten entsprechende Tätigkeit findet und wünschen ihm hierbei viel Glück“,

oder

„Wir wünschen ihm für eine neue Aufgabe außerhalb unseres Unternehmens alles Gute“,

kommt – bei korrespondierenden Aussagen im Übrigen – zum Ausdruck, dass man den Zeugnisinhaber lieber an einem Arbeitsplatz sieht, der seinen (geringen) Fähigkeiten entspricht, der aber nicht innerhalb des eigenen Unternehmens liegen soll; ein niederschmetterndes Urteil also!

Schließt ein Arbeitszeugnis mit der Bemerkung

„Wir wünschen Herrn V. für die Zukunft das Allerbeste“

oder

„Für die Zukunft wünschen wir Frau U. alles nur erdenklich Gute“, ist die darin enthaltene **Ironie** eine deutlich negative, verschlüsselte und deshalb unzulässige Aussage.

Abschließend ist festzuhalten, dass die Bedeutung der Schlussfloskel – unbestritten – zunimmt und nicht im „Widerspruch zum sonstigen Zeugnisinhalt stehen und diesen relativieren" darf (vgl. ErfK/*Müller-Glöge* § 109 GewO Rn. 46a) Meines Erachtens ist gerade von einer weitläufig bekannten Einschätzung der Schlussfloskeln im Sinne fester **Rangstufen** auszugehen. Dies zeigt die praktische Erfahrung mit der gleichförmigen Handhabung der genannten oder ähnlicher Floskeln gerade auch im Zusammenhang mit dem jeweils übrigen Zeugnisinhalt. Steht die Abschlussformulierung in krassem Widerspruch zum übrigen Zeugnisinhalt, hat der Arbeitnehmer einen – klagbaren – Anspruch darauf, dass diese entsprechend angepasst umformuliert wird (so LAG Hamburg Urt. vom 14.1.1998 – 5 Sa 74/97; Hess. LAGE Nr. 33 zu § 630 BGB = DB 2001, 931 = BB 2000, 155 = AuR 2000, 78 = ZTR 2000, 88 = FA 2000, 124; ArbG Berlin AuR 2003, 278; a. A. LAG Berlin BB 1999, 851, LAG Köln FA 2000, 125 sowie ArbG Bremen NZA 1992, 800).

Demgegenüber vertritt das BAG aber die Auffassung (vgl. BAG AP Nr. 26 zu § 630 BGB = NZA 2001, 843 = DB 2001, 1674 = BB 2001, 1957 = AuA 2001, 520), dass der Arbeitgeber grundsätzlich nicht verpflichtet sei, das Arbeitszeugnis mit einer Schlussformel abzuschließen da deren Fehlen „kein unzulässiges Geheimzeichen" sei. Dieser Ansicht ist aus den zuvor dargestellten Überlegungen nicht zu folgen, da sie die gängige Praxis der Zeugniserteilung nicht berücksichtigt (siehe auch: Schleßmann BB 2001, 1958) und negiert, dass Abschlussformeln nicht lediglich eine „freiwillige Kosmetik" des Zeugnisses, sondern deren integraler Bestandteil sind. Neuerdings vertritt das LAG Düsseldorf (LAGE Nr. 5 zu § 630 BGB 2002) die Ansicht, dass der Arbeitnehmer, dem nur eine durchschnittliche Leistungs- und Verhaltensbewertung zustehe, keinen Anspruch auf eine Abschlussformel habe. In seiner ablehnenden Anmerkung zu diesem Urteil weist Müller zurecht auf die Verkehrssitte und die Wohlwollenspflicht hin.

# 3. Kapitel

# Verfahren und Kosten

## I. Gerichtsverfahren und Zwangsvollstreckung

### 1. Zuständigkeit der Arbeitsgerichte

Auseinandersetzungen gibt es, wenn der Arbeitgeber dem Arbeitnehmer kein oder kein zutreffendes Arbeitszeugnis erteilt. In beiden Fällen macht der Arbeitnehmer seinen Erfüllungsanspruch geltend. Dies ist einleuchtend, wenn gar kein Zeugnis erteilt wurde. Hat der Arbeitnehmer ein Arbeitszeugnis bekommen, ist dies aber unzutreffend, so macht er nach ganz h. M. genau genommen nicht einen Berichtigungsanspruch, sondern weiterhin seinen ursprünglichen **Anspruch auf Erteilung eines Zeugnisses** geltend, das nach Inhalt und Form den gesetzlichen Anforderungen entspricht (vgl. BAG AP Nr. 14 zu § 630 BGB = AP Nr. 10 zu § 70 BAT = DB 1983, 2043; a. A. LAG Hamm LAGE Nr. 28 zu § 630 BGB). Ein Anspruch auf Berichtigung eines erteilten Zeugnisses sieht, so das BAG zutreffend, das Gesetz nämlich nicht vor.

Der Zeugnisanspruch des Arbeitnehmers gegen den Arbeitgeber ist eine bürgerliche Rechtsstreitigkeit, für die nach § 2 Abs. 1 Nr. 3 ArbGG **die Arbeitsgerichte rechtswegzuständig** sind. Es wird im Urteilsverfahren entschieden und die Vorschriften der ZPO finden Anwendung (§ 46 Abs. 2 ArbGG). Für einen Zeugnisneuerteilungsanspruch ist ein Kündigungsschutzverfahren regelmäßig nicht vorgreiflich, sodass eine Aussetzung nicht in Betracht kommt (vgl. Hess. LAG LAGE Nr. 35 zu § 148 ZPO).

In der **ersten Instanz** kann jede Partei den Prozess selbst führen oder sich vertreten lassen. Für die Vertretung des Arbeitnehmers kommen in erster Linie Rechtsanwälte und auch Vertreter von Gewerkschaften in Frage (§ 11 Abs. 1 ArbGG). Rechtsbeistände sind vor den Arbeitsgerichten zur Prozessvertretung nicht befugt (vgl. BAG NZA 1989, 151 = DB 1988, 2655). Im **Berufungsverfahren** vor dem LAG ist hingegen eine Prozessführung durch die Partei selbst nicht möglich (§ 11 Abs. 2 ArbGG). In der **Revisionsinstanz** vor dem BAG besteht uneingeschränkter Anwaltszwang: Eine Prozessführung des Arbeitnehmers durch Gewerkschaftsvertreter ist nicht möglich; umgekehrt ist aber jeder vor einem deutschen Gericht zugelassene Rechtsanwalt in der Revisionsinstanz vor dem BAG vertretungsberechtigt.

Voraussetzung für eine gerichtliche Geltendmachung ist, dass der Zeugnisanspruch weder verjährt, verfallen noch verwirkt ist (siehe oben S. 34 ff.).

Von Bedeutung ist außerdem, dass der Zeugnisanspruch ausdrücklich geltend zu machen ist, unabhängig davon, ob überhaupt die Erteilung eines Arbeitszeugnisses oder die Beanstandung einzelner Punkte beansprucht wird. Die Erhebung einer Kündigungsschutzklage reicht ohne entspechenden Antrag nicht aus (vgl. BAG AP Nr. 8 zu § 630 BGB = DB 1973, 238 = BB 1973, 195): Es bedarf hierzu einer eindeutigen und unmissverständlichen Erklärung. In Betracht kommt die Klageerhebung in einem gesonderten Verfahren oder im Wege einer Klagehäufung – gegebenenfalls als Hilfsantrag – im Rahmen eines (bereits anhängigen) Kündigungsschutzprozesses.

## 2. Anträge bei Erteilungs- und Berichtigungsklagen

Der **Antrag** auf Zeugniserteilung bereitet, wenn noch kein Arbeitszeugnis vorliegt, keine Probleme; er kann auch im Wege der Klagehäufung gem. § 260 ZPO zusätzlich zum Beispiel neben einem Kündigungsschutzklageantrag angebracht werden. Er kann auf Erteilung eines einfachen, eines qualifizierten Zeugnisses, auf Zwischen- oder Endzeugnis etc. gerichtet werden. Klagegegner ist der – gegebenenfalls ehemalige – Arbeitgeber. Bei den zivilen Arbeitnehmern der

Stationierungsstreitkräfte vertritt die Bundesrepublik Deutschland die zur Zeugniserteilung verpflichteten Dienststellen (BAG NZA 1987, 384 = DB 1986, 1340).

Wurde ein Zeugnis erteilt, mit dessen Inhalt kein Einverständnis besteht, wird zwar auch der Erfüllungsanspruch geltend gemacht (siehe oben). Hier muss aber im Klageantrag genau bezeichnet werden, was geändert werden soll (vgl. MüKoBGB/*Henssler* § 630 Rn. 54; Schaub/*Linck* ArbR-Hdb § 146 IV 3). Es reicht daher nicht aus zu beantragen, dass der Arbeitgeber zu einer zutreffenden/wohlwollenden/angemessenen/in das Ermessen des Gerichts gestellten u. ä. Zeugniserteilung verurteilt wird (vgl. LAG Düsseldorf DB 1971, 1853; a. A. allerdings: LAG Köln BB 2001, 1959). Ein korrekter Klageantrag muss ganz konkret abgefasst sein, d. h. der zu berichtigende Passus ist **gegebenenfalls Wort für Wort** auszuformulieren und lautet beispielsweise:

> „Die Beklagte wird verurteilt, das der Klägerin unter dem 30.9.2008 erteilte Zeugnis wie folgt neu zu erteilen: Absatz 1 lautet neu:
> Frau S. war in der Zeit vom 1.4.1995 bis 30.9.2008 bei uns als Rechtsanwaltsgehilfin beschäftigt ..."

Unter Umständen kann es erforderlich sein, das ganze Zeugnis im Klageantrag neu zu formulieren (zum Ausstellungsdatum im Falle einer gerichtlichen Durchsetzung der „Zeugnisberichtigung" siehe oben S. 68). Da jedes Arbeitszeugnis eine Einheit bildet und im Falle einer Änderung bzw. einer Neuerteilung die Gefahr von Sinnentstellungen oder Verzerrungen besteht, sind die Gerichte befugt, das gesamte Zeugnis zu überprüfen und gegebenenfalls selbst neu zu formulieren bzw. dem Arbeitgeber einen bestimmten Zeugnisinhalt vorzuschreiben (vgl. BAG AP Nr. 1 zu § 73 HGB und AP Nr. 12 zu § 630 BGB, LAG München ARST 1977 Nr. 1185). Der Arbeitgeber hat dann das Zeugnis wie vom Gericht festgelegt zu erteilen, ohne dass er auf diesen Umstand hinweisen bzw. diesen andeuten darf (vgl. LAG München aaO.).

## 3. Beweislast

Die Beweislast für die Vollständigkeit und Richtigkeit des erteilten Zeugnisses hat der **Arbeitgeber.** Dies hat das BAG bereits vor 30 Jahren (AP Nr. 1 zu § 73 HGB) entschieden und in späteren Urteilen (vgl. z. B. AP Nr. 12 zu § 630 BGB; AP Nr. 10 zu § 70 BAT = DB 1983, 2043; zuletzt: PersR 1993, 329 mit Anm. Hohmeister = AuR 1993, 87 Ls.) grundsätzlich bestätigt (ebenso LAG Saarland LAGE Nr. 9 zu § 630 BGB und LAG Düsseldorf LAGE Nr. 24 zu § 630 BGB = BB 1995, 2064 Ls.; ArbG Düsseldorf PersR 1992, 380). Seine Begründung findet diese – zutreffende – Ansicht darin, dass es von Gesetz wegen keinen Zeugnisberichtigungsanspruch gibt; der Arbeitnehmer, der auf Berichtigung“ klagt, macht nämlich „in Wahrheit einen Erfüllungsanspruch auf Erteilung eines richtigen Zeugnisses geltend“ (BAG aaO.). Für die Erfüllung einer Leistungspflicht ist, wenn ihre Nichterfüllung gerichtlich behauptet wird, aber der Schuldner, mithin der Arbeitgeber beweispflichtig: Jede Partei trägt die Beweislast für die Erfüllung einer ihr günstigen Rechtsnorm.

Nicht zu folgen ist der in diesem Zusammenhang vereinzelt vertretenen Auffassung, dass sich die oben dargestellte Beweislastverteilung umkehre, wenn der Arbeitnehmer zunächst gegen das unzureichende Arbeitszeugnis nichts unternimmt, später aber Einwendungen erhebt, nachdem seine Bewerbungen erfolglos geblieben sind (siehe Schleßmann, S. 162 und BB 1988, 1320). Diese Ansicht basiert nämlich darauf, dass in der Entgegennahme des Arbeitszeugnisses eine Annahme als Erfüllung im Sinne des § 363 BGB zu sehen sei. In der Empfangnahme eines Zeugnisses liegt lediglich eine Entgegennahme zu Prüfungszwecken. Auch die Vorlage des Zeugnisses bei Bewerbungen kann nicht als stillschweigendes Einverständnis mit seinem Inhalt gewertet werden.

Zuletzt ist allerdings das BAG von seinem bisherigen Standpunkt abgerückt und entschied, dass dann, wenn der Arbeitgeber „eine durchschnittliche Gesamtleistung“, die in einer befriedigenden Beurteilung zu sehen sei, bestätigt, der Arbeitnehmer Tatsachen vorzutragen und zu beweisen hat, „die eine bessere Schlussbeurteilung rechtfertigen sollen“ (BAG Urteil vom 18.11.2014 – 9 AZR 584/13,

BAG AP Nr. 28 zu § 630 BGB = NZA 2004, 842 = NJW 2004, 2770; a. A. LAG Berlin Brandenburg, Urteil vom 21.03.2013 – 18 Sa 2133/12, dass in einer Beurteilung mit gut, keine überdurchschnittliche sieht). Erfolgte eine unterdurchschnittliche Bewertung, muss der Arbeitgeber die dieser zugrundeliegenden Tatsachen darlegen und beweisen (vgl. MüKoBGB/*Henssler* § 630 Rn. 55). Diese Rechtsprechung erhöht die Bedeutung von Zwischenzeugnissen für den Arbeitnehmer.

## 4. Vollstreckung titulierter Zeugnisansprüche

Hat der Arbeitnehmer ein arbeitsgerichtliches Urteil auf Zeugniserteilung gegen den Arbeitgeber erstritten, muss dieser – je nach Urteilstenor – entweder überhaupt ein Zeugnis ausstellen oder mit einem bestimmten Inhalt abfassen. Da **arbeitsgerichtliche Urteile** erster und zweiter Instanz gemäß § 62 Abs. 1 S. 1 ArbGG von Gesetzes wegen **vorläufig vollstreckbar** sind und diese vorläufige Vollstreckbarkeit nur bei Glaubhaftmachung eines „nicht zu ersetzenden Nachteils" des Arbeitgebers (vgl. LAG München Beschl. vom 5.3.1997 – 4 Sa 69/97) ausgeschlossen wird, kann der Arbeitnehmer regelmäßig aus einem (noch) nicht rechtskräftigen Arbeitsgerichtsurteil sofort die Zwangsvollstreckung gegen den Arbeitgeber betreiben. Sie erfolgt, da die Zeugniserteilung eine nicht vertretbare, d. h. nur vom Arbeitgeber selbst vornehmbare Handlung ist, gem. § 888 ZPO (h. M. vgl. MüKoBGB/*Henssler* § 630 Rn. 58; Entsprechendes gilt für die Zwangsvollstreckung aus einem Zeugnisvergleich (vgl. LAG Köln ZTR 2002, 447 Ls.). Auf entsprechenden Antrag des Arbeitnehmers wird gegen den Arbeitgeber ein **Zwangsgeld** bis zur Höhe von € 25.000,– und für den Fall seiner Uneinbringlichkeit die **Zwangshaft** bis zu sechs Monaten (§ 913 ZPO) festgesetzt. Die Festsetzung der ersatzweisen Zwangshaft ist zwingend mit der Zwangsgeldfestsetzung zu verbinden (vgl. LAG Frankfurt LAGE Nr. 29 zu § 888 ZPO = DB 1993, 1248). Eine vorherige Androhung der Zwangsmittel ist nicht erforderlich (vgl. LAG Nürnberg LAGE Nr. 26 zu § 888 ZPO = BB 1993, 365; Geißler DGVZ 1988, 17). Erfüllt der Arbeitgeber seine Zeugnispflicht auch nach Androhung innerhalb einer ihm vom Arbeitsgericht zu setzenden Frist nicht, kann der Arbeitnehmer die Beitreibung des Zwangsgeldes – zugunsten der Staatskasse – beantragen. Das Zwangsgeld tritt quasi an die Stelle des Arbeitszeugnisses (ähnlich Schleßmann S. 162). Die Vollstreckung des Zwangsgeldes erfolgt nach überwiegender Meinung nicht gerichtlich und ohne Antrag des Gläubigers, sondern allein auf dessen Betreiben durch den zuständigen Gerichtsvollzieher (vgl. LAG Hamburg NZA 1985, 373; ebenso: BGH NJW 1983, 1859; Thomas/Putzo ZPO § 888 Bem. 3 c aa).

Zu beachten ist, dass im Zwangsvollstreckungsverfahren nicht die **inhaltliche Richtigkeit** eines Arbeitszeugnisses überprüft werden kann (LAG Bayern AP Nr. 7 zu § 888 ZPO; ebenso LAG Frankfurt DB 1989, 1979 = BB 1989, 1761; 1981, 648 = BB 1981, 54; LAG Düsseldorf DB 1973, 1853). Es kann im Vollstreckungsverfahren nur kontrolliert werden, ob der Arbeitgeber einer Verurteilung oder einer entsprechenden Verpflichtung in einem arbeitsgerichtlichen Vergleich durch Erteilung eines Zeugnisses nachgekommen ist, „das der Form nach ordnungsgemäß ist und der Verkehrsüblichkeit entspricht" (vgl. LAG Hamburg DB 1969, 887 = BB 1969, 538; ähnlich LAG Frankfurt LAGE Nr. 7 zu § 630 BGB = NZA 1990, 192; DB 1989, 1979 = BB 1989, 1761). In dem vom LAG Hamburg entschiedenen Fall wollte der Arbeitnehmer eine Änderung seiner Tätigkeitsbeschreibung von „Verkäufer" in „Geschäftsführer" im Vollstreckungsverfahren durchsetzen. Da der Arbeitgeber zuvor lediglich zur Zeugniserteilung ohne nähere inhaltliche Bestimmung verurteilt worden war, wurde der Arbeitnehmer zur Geltendmachung seiner Änderungswünsche auf das normale Klageverfahren verwiesen (LAG Hamburg aaO.; ebenso LAG Düsseldorf DB 1953, 1853 mit Hinweisen zur Formulierung der Klageanträge im Erkenntnisverfahren). Entspricht allerdings das erteilte Zeugnis „nicht annähernd den Mindestanforderungen ... gemäß § 630 BGB", kann nach einem Beschluss des LAG Frankfurt (DB 1981, 648 = BB 1981, 54) die Ausstellung eines weiteren (ordnungsgemäßen) Arbeitszeugnisses sogar im Vollstreckungsverfahren nach § 888 ZPO durchgesetzt werden; alle übrigen Fälle betreffend den Zeugnisinhalt bleiben aber dem ordentlichen (Erkenntnis-)Verfahren vorbehalten (LAG Frankfurt aaO.).

## 5. Einstweilige Verfügungen

Nicht nur im Klageverfahren kann der Anspruch auf Zeugniserteilung geltend gemacht werden, sondern auch im Wege einer einstweiligen Verfügung nach den §§ 62 Abs. 2 ArbGG, 940 ZPO (LAG Frankfurt Urteil vom 17.02.2014 – 16 SaGa 61/14, Juris). Eilbedürftigkeit, also Verfügungsgrund liegt schon dann vor, wenn der Arbeitgeber überhaupt kein Zeugnis erteilt hat oder das erteilte Zeugnis für eine Bewerbung bereits beim ersten Hinsehen ausscheidet (LAG Frankfurt aaO., so auch LAG Rheinland-Pfalz, Urteil vom 21.08.2006 – 6 Sa 366/06, Juris).Da aber die einstweilige Verfügung nur die Sicherung des Zeugnisanspruchs des Arbeitnehmers erreichen soll, werden an sie strenge Anforderungen gestellt. Bei Ausstellung oder Abänderung eines Arbeitszeugnisses kommt nämlich dieses summarische Verfahren dem Ergebnis eines ordentlichen Verfahrens zumindest sehr nahe bzw. beinhaltet bereits dessen Vorwegnahme (Schleßmann, S. 152).

Aus diesem Grund werden Zeugnisansprüche in der Regel im „normalen" Klageverfahren mit anhängig gemacht und/oder im Falle eines Prozessvergleichs miterledigt, indem dort eine entsprechende Verpflichtung des Arbeitgebers zur Zeugniserteilung – gegebenenfalls bereits mit inhaltlicher Festlegung – mittituliert wird. Diesem Vorgehen kommt insbesondere in Kündigungsschutzverfahren vor dem Arbeitsgericht Bedeutung zu, wenn nämlich z. B. in einem **Prozessvergleich** über die einvernehmliche Beendigung eines Arbeitsverhältnisses gegen Abfindungszahlung die Zeugnispflicht des Arbeitgebers gleich mitgeregelt wird. Dies kann den Umweg über Zeitverlust und Kosten verursachende gesonderte Zeugnisklagen und einstweilige Verfügungen ersparen! Auch in dem Fall, dass ein Zeugnisanspruch nicht eingeklagt wird, kann er vollstreckungsfähig (s. o. S. 131) mitverglichen werden.

Die Zwangsvollstreckung aus einem Prozessvergleich erfolgt im Übrigen wie die Vollstreckung eines arbeitsgerichtlichen Urteils; zu den Kosten der Zwangsvollstreckung siehe unten S. 138 f.

## 6. Streitwert

Der Streitwert richtet sich auch im Arbeitsgerichtsverfahren nach der geltend gemachten Forderung; in jedem Fall aber betrifft der **Zeugnisanspruch** eine **vermögensrechtliche Streitigkeit** (vgl. LAG Düsseldorf LAGE Nr. 17 zu § 12 ArbGG – Streitwert – = EzA Nr. 18 zu § 12 ArbGG – Streitwert –; LAG Hamm vom 22.1.1980 – 13 Sa 1465/79).

Die **Rechtsprechung** zur Höhe des Streitwertes stellt sich wie folgt dar:

Das LAG Düsseldorf geht davon aus, dass der Streitwert einer Zeugnisberichtigungsklage grundsätzlich ein (Brutto-)Monatsgehalt beträgt (LAG Düsseldorf aaO.; LAGE Nr. 6 zu § 3 ZPO = Jur. Büro 1988, 725 und Jur. Büro 1988, 1079); dies gilt auch dann, wenn er nicht rechtshängig, also eingeklagt, sondern in einem rechtshängigen Verfahren mitverglichen wird (LAG Düsseldorf LAGE Nr. 17 zu § 12 ArbGG – Streitwert – = EzA Nr. 18 zu § 12 ArbGG – Streitwert –). Auch die Klage auf Erteilung eines qualifizierten Zeugnisses ist mit einem Monatsgehalt zu bewerten (LAG Düsseldorf LAGE Nr. 6 zu § 3 ZPO = Jur. Büro 1988, 725 und Jur. Büro 1988, 1079). Derselbe Streitwert ist bei der Klage auf Erhalt eines qualifizierten Zwischenzeugnisses anzusetzen (LAG Hamburg AnwBl. 1985, 98 und AnwBl. 1984, 155; a. A. LAG Hamm DB 1989, 1344 = BB 1989, 634 = AnwBl. 1989, 621; LAG Hessen NZA-RR 2002, 384 und LAG Rheinland-Pfalz ZTR 2002, 347: ein halbes Monatsgehalt), da dieses im Falle einer Kündigung durch den Arbeitgeber für den Arbeitnehmer bei Bewerbungen dieselbe Bedeutung wie ein Endzeugnis hat.

Der **generelle Ansatz eines Bruttomonatsgehalts** in allen Zeugnisrechtsstreiten entspricht im Übrigen der ganz herrschenden Meinung (vgl. bereits BAG AP Nr. 16 zu § 12 ArbGG 1953; LAG Schleswig-Holstein AnwBl. 1987, 497; LAG Baden-Württemberg DB 1985, 2004; LAG Hamm AnwBl. 1984, 152; LAG Düsseldorf AnwBl. 1979, 26; LAG Saarbrücken AnwBl. 1977, 252; LAG Frankfurt BB 1971, 653; ebenso aktuell: LAG München NZA-RR 2000, 661 und LAG Hessen NZA-RR 2002, 384; Becker-Schaffner BB 1989, 2105).

Auch das dem **Auszubildenden** gem. § 16 BBiG auszustellende Zeugnis ist in Höhe der zuletzt bezogenen (Ausbildungs-)Vergütung zu bemessen (vgl. LAG Hamm vom 22.1.1980 – 13 Sa 1465/79).

Die von einigen Instanzgerichten vorgenommene Festsetzung des Streitwerts danach, ob lediglich ein Titulierungsinteresse besteht (so LAG Düsseldorf LAGE Nr. 4 zu § 3 ZPO und LAG Köln NZA-RR 2001, 324) oder ob „der Kläger im Zeugnis höchstes Lob" verlangt (so LAG München AMBl. 1986 C 33), verkennt, dass eine Differenzierung zwischen Erteilungs- und Neuerteilungsanspruch auch beim Streitwert zu unterbleiben hat. Zum anderen ist eine Abstufung nach dem Inhalt der begehrten Zeugnisänderung kein sachgerechtes Unterscheidungskriterium. Wird neben einer Verbesserung der zentralen Leistungsbewertung noch die inhaltliche Änderung mehrerer weiterer Einzelfeststellungen des Zeugnisses eingeklagt, soll auch nach Ansicht des LAG Köln (MDR 1999, 1336) „ein Abschlag vom vollen Regelwert eines Monatseinkommens nicht gerechtfertigt" sein (ähnlich: LAG Köln NZA-RR 2001, 324). Dasselbe gilt für die Dauer des zugrunde liegenden Arbeitsverhältnisses, die auch ohne Einfluss auf den Streitwert ist (LAG Köln AnwBl. 1992, 496 = JurBüro 1992, 24). Nach der Rechtsprechung des ArbG München ist – je nach Schwierigkeit sowie Umfang des Sach- und Rechtsvortrags – sogar ein Streitwert bis zu 2,5 Monatsgehältern (vgl. Beschl. v. 11.6.1993 – 30 Ca 8418/92) bzw. 3 Bruttomonatsverdiensten (vgl. Urt. v. 17.12.1996 – 21a Ca 3232/96) in Ansatz zu bringen.

Es empfiehlt sich daher, den Streitwert einheitlich (vgl. Schaub/*Linck* ArbR-Hdb § 147 Rn. 35) auf ein Bruttomonatsgehalt festzusetzen!

Dies gilt auch für die Zwangsvollstreckung zur Erzwingung eines durch Gerichtsurteil oder Prozessvergleich festgelegten Zeugnisanspruchs (vgl. LAG Baden-Württemberg DB 1985, 2004) und auch im Falle einer einstweiligen Verfügung, da diese bereits die Befriedigung des geltend gemachten Anspruchs bringen kann.

Eine Konferenz von Präsidenten verschiedener Landesarbeitsgerichte hat im Mai 2013 einen sogenannten Streitwertkatalog vorgestellt, der zwar unverbindlich ist, aber in der Praxis ein bedeutender Anhalt für die Bestimmung von Streitwerten eines Zeugnisstreits haben dürfte. Danach stellen sich die Streitwerte wie folgt dar:

Einfaches Zeugnis 10% einer Monatsvergütung; qualifiziertes Zeugnis 1 Monatsvergütung; Zwischenzeugnis ½ Monatsvergütung (Bader/Jörchel NZA 2013, 809 und Willemsen/Schipp/Reinhard/Meier NZA 2013, 1112 ff.).

Auch die **Herausgabe von Arbeitspapieren** wie der Lohnsteuerkarte und des Versicherungsnachweishefts kann durch einstweilige Verfügung erzwungen werden (vgl. hierzu im Einzelnen Becker-Schaffner DB 1983, 1304 mwN.). Der Streitwert wird mit 10% einer Monatsvergütung, so der vorstehend genannte Streitwertkatalog, angesetzt oder pauschal mit € 500,– je Arbeitspapier (vgl. LAG Hamm LAGE Nr. 1 zu § 3 ZPO = AnwBl. 1985, 586); dies gilt auch für die Arbeitsbescheinigung nach § 312 SGB III (LAG Hamm aaO.). Die Vollstreckung der einstweiligen Verfügung auf Herausgabe erfolgt nach § 883 ZPO, die Vollstreckung der Ausfüllung nach § 888 ZPO (vgl. Schaub/*Linck* § 149 I 4); zu den Zuständigkeiten und zum Klageverfahren siehe oben S. 127 ff.).

## 7. Kostentragung gemäß § 12a ArbGG

Die Kosten eines arbeitsgerichtlichen Zeugnisrechtsstreits sind gem. § 12a ArbGG nicht erstattungsfähig. Das bedeutet, dass in der ersten Instanz jede Partei die Gebühren des eigenen Prozessvertreters, insbesondere: Rechtsanwalts selbst zu tragen hat, unabhängig vom Ausgang des Verfahrens. Egal, ob das Verfahren durch ein der Klage vollumfänglich oder teilweise stattgebendes oder abweisendes Urteil, durch gerichtlichen oder außergerichtlichen Vergleich, durch Klagerücknahme oder Erledigung usw. endet, besteht kein Anspruch auf Erstattung von Rechtsanwaltskosten gegenüber dem Prozessgegner. Diese von der Kostentragungspflicht des „normalen" Zivilprozesses gem. §§ 90 ff. ZPO abweichende Regelung begrenzt für jede Partei, insbesondere den Arbeitnehmer das Kostenrisiko. Er hat aber in jedem Fall seinen eigenen Anwalt zu bezahlen. Diese Norm ist mit dem Grundgesetz vereinbar (vgl. BVerfG AP Nr. 12 zu § 61

ArbGG 1953 – Kosten – = NJW 1971, 2302). Möglich ist aber, dass die Parteien – insbesondere im Vergleichswege – eine hiervon abweichende Vereinbarung treffen. Die Vorschrift des § 12a ArbGG gilt auch im außergerichtlichen, insbesondere **vorprozessualen Bereich** (vgl. BAG AP Nr. 14 zu § 61 ArbGG 1953 – Kosten –), also dann, wenn der Anspruch des Arbeitnehmers außergerichtlich erfüllt wird und es überhaupt nicht zu einem Prozess kommt.

Der Ausschluss der Kostenerstattung gilt auch **im einstweiligen Verfügungsverfahren.** Der Beschluss des LAG Bremen vom 8.3.1982 – 3 Ta 64/81 (BB 1982, 2188) steht dem nicht entgegen, da er in einem besonders gelagerten Einzelfall erging und meines Erachtens außerdem falsch ist: Die Entscheidung betraf Kosten, die dadurch entstanden waren, dass in Ermangelung eines Eildienstes bei den bremischen Arbeitsgerichten eine einstweilige Verfügung vom Amtsgericht erlassen worden war, welches nach erfolgtem Widerspruch die Sache an das Arbeitsgericht verwies. Das LAG Bremen (aaO.) bejahte einen Erstattungsanspruch für die beim Amtsgericht entstandenen Kosten unter Hinweis auf § 12a Abs. 1 S. 3 ArbGG. Dies ist jedoch schon deshalb unrichtig, weil die Frage der Erstattungspflicht nicht davon abhängig sein kann, bei welchem Gericht der Eildienst lediglich eingerichtet ist; über die Rechtswegzuständigkeit als solche ist damit ja gerade nichts ausgesagt. Mit der Vorschrift des § 12a Abs. 1 S. 3 ArbGG, der den Fall von „durch Anrufung einer unzuständigen Gerichtsbarkeit und Verweisung an das Arbeitsgericht entstandenen Mehrkosten" (vgl. LAG München AnwBl. 1985, 103) meint, hat aber „der Gesetzgeber dem unrichtig handelnden Kläger ein volles Erstattungsrisiko bewusst auferlegt" (vgl. LAG Frankfurt AnwBl. 1985, 104). Hiervon kann jedoch bei einem solchen Sachverhalt nicht die Rede sein, wie er dem Beschluss des LAG Bremen zugrunde lag. Deshalb gilt der Ausschluss der Kostenerstattung, soweit im arbeitsgerichtlichen Urteilsverfahren zu entscheiden ist, auch für das einstweilige Verfügungsverfahren.

Nicht unter die Vorschrift des § 12a Abs. 1 ArbGG fallen die Kosten der Zwangsvollstreckung, die gemäß § 788 ZPO vom Schuldner zu ersetzen sind.

## 8. Höhe der Anwalts- und Gerichtskosten

Im Anschluss an diese Erläuterung der Kostentragung dem Grunde nach soll im Folgenden dargestellt werden, in welcher Höhe Anwalts- und Gerichtskosten bei Auseinandersetzungen um Arbeitszeugnisse entstehen können. Die Gebühren des Rechtsanwalts richten sich nach dem Gegenstandswert, der vom Gericht im Falle eines Zeugnisrechtsstreits festzusetzen ist bzw. im Falle einer außergerichtlichen Erledigung der Sache festzusetzen wäre (§ 2 RVG). Gemäß § 3 ZPO beträgt der Wert des Gegenstandes der anwaltlichen Tätigkeit bzw. der gerichtliche Streitwert bei einem qualifizierten ein Monatsgehalt (siehe oben S. 134).

Anhand von **drei Beispielsfällen** mit Bruttomonatsverdiensten von € 3.000,–, € 4.000,– und € 5.000,– fallen außergerichtlich und arbeitsgerichtlich folgende Gebühren an (in € incl. MwSt):

| Gegenstandswert | 3.000,– | 4.000,– | 5.000,– |
|---|---|---|---|
| a) außergerichtlich | | | |
| Fallkonstellation 1 (1,3 Geschäftsgebühr) | 334,75 | 413,64 | 492,50 |
| Fallkonstellation 2 (1,3 Geschäftsgebühr + 1,5 Einigungsgebühr) | 693,54 | 863,47 | 1.033,40 |
| b) arbeitsgerichtlich | | | |
| Fallkonstellation 1 (1,3 Verfahrensgebühr + 1,2 Terminsgebühr) | 621,78 | 773,50 | 925,23 |
| Fallkonstellation 2 (1,3 Verfahrensgebühr + 1,2 Terminsgebühr + 1,0 Einigungsgebühr) | 860,97 | 1.073,38 | 1.285,80 |
| (gem. §§ 2, 23, 13 RVG). | | | |

Die **außergerichtlichen** Gebühren in Fallkonstellation 1 fallen an, wenn der Arbeitgeber auf Aufforderung des Rechtsanwalts des Arbeitnehmers ein dessen Wünschen entsprechendes Arbeitszeugnis erteilt, in Fallkonstellation 2, wenn ebenso ein Zeugnis ausgestellt wird, das aber nicht in allen Punkten den Vorstellungen des Arbeitnehmers entspricht, von diesem dennoch akzeptiert wird (= Einigung im Sinne der VV 1000 RVG, § 779 BGB). Die früher nach der BRAGO mögliche außergerichtliche Besprechungsgebühr ist mit Inkrafttreten des RVG ersatzlos entfallen.

**Im arbeitsgerichtlichen Verfahren** fallen die Rechtsanwaltsgebühren in Fallkonstellation 1 im Falle eines Urteils an, in Fallkonstellation 2 im Fall eines Prozessvergleichs. Zu betonen ist, dass es sich bei den oben berechneten arbeitsgerichtlichen Gebühren um diejenigen der ersten Instanz handelt; sie sind im Berufungsverfahren um ca. 30% höher. Zu beachten sind die Anrechnungsvorschriften der außergerichtlich entstandenen Anwaltsgebühren auf die im Gerichtsverfahren entstehenden Anwaltsgebühren.

Aufgrund des ganz erheblichen Zeitaufwands, der regelmäßig mit der Bearbeitung zeugnisrechtlicher Mandate für den Rechtsanwalt verbunden ist, wird vielfach eine wirtschaftlich sinnvolle Lösung nur durch eine **Vergütungsvereinbarung** gem. § 4 RVG zu erreichen sein. Sie kann in Form von Pauschal- oder Stundenhonoraren (vgl. hierzu Franzen/Apel NJW 1993, 438; Engels MDR 1999, 1244) getroffen werden; die Rechtsschutzversicherer (siehe unten S. 140) zahlen aber nur die jeweils auf Grund des RVG entstehenden Gebühren (§ 2 Abs. 1 ARB), sodass der überschießende Betrag vom Versicherungsnehmer/Arbeitnehmer zu tragen ist.

Die im Zusammenhang mit Zeugnisstreitigkeiten gerichtlich oder außergerichtlich anfallenden Gebühren können vom Arbeitnehmer **steuerlich geltend gemacht werden.**

In der **Zwangsvollstreckung** zum Zwecke der Zeugniserteilung berechnet der Rechtsanwalt die Gebühren gemäß § 25 RVG, die nach § 788 ZPO vom Schuldner/Arbeitgeber zu tragen und bei Zahlungsverweigerung bei diesem auch zu vollstrecken sind. Sie errechnen sich nicht aus dem Wert des festgesetzten Zwangsgeldes, sondern aus dem Gegenstandswert der Hauptsache.

Die **Gerichtsgebühren** bestimmen sich nach Anlage 1 und 2 zu § 12 Abs. 1 ArbGG. So beträgt in den drei oben gebildeten Beispielsfällen von € 3.000,–, bzw. € 4.000,– bzw. € 5.000,– die allgemeine Verfahrensgebühr € 89,–, € 105,– bzw. € 121,–. Wird allerdings das Verfahren ohne streitige Verhandlung, durch einen im Gütetermin abgeschlossenen oder durch einen außergerichtlichen, dem Gericht mitgeteilten Vergleich (vgl. BAG AP Nr. 1 zu § 81 ZPO = NJW 1963, 1469; LAG München NZA 1994, 960) beendet, entfällt sogar die oben genannte Gebühr ganz.

## II. Rechtsschutzversicherung, Prozesskostenhilfe und Beiordnung

### 1. Rechtsschutzversicherung

Der Abschluss einer Rechtsschutzversicherung ist für den Bereich des Arbeitsrechts im Allgemeinen und so auch im Hinblick auf Zeugnisstreitigkeiten im Besonderen wegen der oben dargestellten Kostentragungsregelung des § 12a ArbGG von besonderer Bedeutung und empfehlenswert. Arbeitsrechtsschutz wird von den Versicherern in zwei Vertragstypen angeboten:

- § 25 ARB: Privat- und Berufsrechtsschutz für Nichtselbstständige,
- § 26 ARB: Privat-, Berufs- und Verkehrs-Rechtsschutz für Nichtselbstständige.

### 2. Versicherungsfall gemäß § 4 Abs. 1 c ARB

Voraussetzung für die Eintrittspflicht der Rechtsschutzversicherung ist gemäß § 4 Abs. 1c ARB das Vorliegen eines Versicherungsfalles, der nach Abs. 3 der Vorschrift nicht innerhalb von drei Monaten nach Versicherungsbeginn erfolgt sein darf. Als Versicherungsfall gilt im Arbeitsrecht der **Verstoß** des Arbeitgebers oder Arbeitnehmers **gegen Pflichten aus dem Arbeitsvertrag,** im Bereich des Zeugnisrechts also die Ablehnung oder schlichte Unterlassung der Zeugniserteilung durch den Arbeitgeber trotz Aufforderung des Arbeitnehmers, die Ausstellung eines unzutreffenden oder schlechten

Arbeitszeugnisses etc. Hierbei ist zu beachten, dass es für die Eintrittspflicht der Rechtsschutzversicherung ausreicht, dass ein Pflichtverstoß behauptet wird, § 4 Abs. 1c ARB. Dies ist von besonderer Bedeutung dann, wenn sich der Arbeitnehmer durch ein Arbeitszeugnis nicht gut genug beurteilt fühlt. Hier genügt regelmäßig der Vortrag, Anspruch auf eine bessere Bewertung zu haben. Nach der Rechtsprechung des BGH soll ein reines Werturteil nicht ausreichen; erforderlich ist vielmehr „eine ernsthafte Behauptung…, d. h. ein Vortrag, der zumindest einen Tatsachenkern enthält“ (vgl. BGH VersR 1985, 540).

Es kommt aber nicht auf die Schlüssigkeit, Substantiiertheit oder Entscheidungserheblichkeit im jeweiligen Verfahren an (BGH aaO.). Im Falle der Vertretung des Arbeitnehmers bei Zeugnisstreitigkeiten durch einen Rechtsanwalt gibt es also regelmäßig keine Probleme hinsichtlich der Kostenübernahme durch die Rechtsschutzversicherungen (vgl. hierzu Fischer FA 1999, 178). Fehlende Erfolgsaussicht oder gar Mutwilligkeit im Sinne von § 1 Abs. 1 ARB liegt bei abgelehnter, unterlassener oder unzureichender Zeugniserteilung erfahrungsgemäß praktisch nie vor. Nach einem Urteil des Amtsgerichts München vom 30.6.1988 – 161 C 8768/88 kann außerdem eine uneingeschränkt erteilte Deckungszusage nicht nachträglich zurückgezogen werden mit der Begründung, im Prozess habe sich die Mutwilligkeit der Klage herausgestellt (AG München VersR 1989, 42).

Wird also von der Rechtsschutzversicherung die Kostenübernahme erklärt, hat sie sowohl die Anwaltsgebühren für die außergerichtliche als auch die arbeitsgerichtliche Geltendmachung des Zeugnisanspruchs zu erstatten; auch die Kosten für die Erteilung eines Rates oder einer Auskunft sind von der Rechtsschutzversicherung zu tragen. Hinzuweisen ist aber nochmals darauf, dass hierunter nur die jeweils anfallenden gesetzlichen Gebühren zu verstehen sind; darüber hinausgehende Kosten einer Vergütungsvereinbarung trägt der Versicherungsnehmer/Arbeitnehmer selbst.

Wurde von der Rechtsschutzversicherung eine Deckungszusage erteilt, umfasst diese auch anfallende Gerichtskosten.

## 3. Insbesondere: Die Einigungsgebühr

Im Hinblick auf sich ständig wiederholende Auseinandersetzungen mit Rechtsschutzversicherungen soll an dieser Stelle festgehalten werden, dass an eine **Einigung insbesondere im arbeitsgerichtlichen Verfahren** keine allzu hohen Anforderungen zu stellen sind: Ein geringfügiges Nachgeben, wenn es auch objektiv kein wirkliches Opfer ist, reichte früher bereits für den Anfall der Vergleichsgebühr nach den § 62 Abs. 1, § 23 BRAGO iVm. § 779 BGB aus (vgl. LAG Düsseldorf LAGE Nr. 2 zu § 23 BRAGO = Jur. Büro 1986, 873; zum Kündigungsschutzprozess: LAG München Jur. Büro 1992, 96). Auch die Aufgabe einer prozessualen Möglichkeit, z. B. das Recht auf ein Urteil, durch Abschluss eines Vergleichs beinhaltete ein Nachgeben im Sinne des § 779 BGB (vgl. OLG München Jur.Büro 1965, 467). Sogar die Übernahme von Kosten trotz vollen Nachgebens in der Sache durch den Prozessgegner ließ seinerzeit die Vergleichsgebühr entstehen (vgl. LAG München LAGE Nr. 3 zu § 23 BRAGO = AMBl. 1986 C 35). Vermag ein Arbeitnehmer seine Änderungswünsche zum Zeugnis nur teilweise durchzusetzen, liegt im Übrigen ein Nachgeben vor. Die Einigungsgebühr entsteht daher heute bereits beim Verzicht auf lediglich eine der geforderten Neuformulierungen bzw. in der Hinnahme einer weniger guten Beurteilung.

## 4. Prozesskostenhilfe

Ist eine Partei des Arbeitsgerichtsprozesses, respektive der Arbeitnehmer, nach den persönlichen und wirtschaftlichen Verhältnissen nicht oder nur zum Teil oder nur ratenweise in der Lage, die Kosten der Prozessführung aufzubringen, so erhält sie Prozesskostenhilfe, wenn die beabsichtigte Rechtsverfolgung hinreichende Erfolgsaussichten bietet und nicht mutwillig erscheint. Insofern gelten dieselben Voraussetzungen wie im „normalen“ Zivilprozess (§§ 11a Abs. 3 ArbGG iVm. 114 ff. ZPO; vgl. weiterführend Dänzer/Vanotti NZA 1985, 619; Leser NJW 1981, 791; Lepke DB 1981, 1927). Entscheidend ist, ob durch die Belastung mit den Prozesskosten der angemessene Lebensunterhalt der Partei erheblich beeinträchtigt würde, was aus den

Tabellen zu § 114 Abs. 2 ZPO und den maßgeblichen wirtschaftlichen Verhältnissen gemäß den §§ 115 ff. ZPO abzulesen ist; es kann auch Ratenzahlung festgesetzt werden. Der Rechtsanwalt hat seinen Mandanten auf die Erlangung von Prozesskostenhilfe oder Beiordnung (siehe unten) auf Grund seiner Beratungspflicht hinzuweisen, wenn ihm entsprechende Umstände hierfür mitgeteilt werden.

Prozesskostenhilfe wird nur gewährt **bei hinreichender Erfolgsaussicht,** für die genügt, dass nach den vorhandenen Gegebenheiten eine gewisse Wahrscheinlichkeit für den Erfolg besteht und eine Beweisaufnahme ernsthaft in Betracht kommt (vgl. LAG München AnwBl. 1987, 499). Der Erfolg muss also nach der summarischen Prüfung im Prozesskostenhilfe-Bewilligungsverfahren nicht gewiss sein, die Anforderungen dürfen hier gerade nicht überspannt werden (vgl. LAG München aaO.; LAG Berlin AnwBl. 1984, 163). Dieses Erfordernis dürfte bei einem Zeugnisrechtsstreit wenig Probleme bereiten, wenn entweder die Zeugniserteilung völlig unterblieben ist oder ein nicht akzeptierbares Arbeitszeugnis ausgestellt wurde und der Arbeitnehmer hierzu Einwendungen vorbringt, die mit gewisser Wahrscheinlichkeit erfolgreich sein werden.

Prozesskostenhilfe wird nicht bei Mutwilligkeit der Rechtsverfolgung gewährt, die dann nicht vorliegt, wenn eine zur zweckentsprechenden Rechtsverfolgung im Einzelfall notwendige Maßnahme beabsichtigt ist (vgl. BGH NJW 1982, 446); dies ist bei Weigerung oder unzutreffender Zeugniserteilung regelmäßig die Erhebung einer arbeitsgerichtlichen Klage.

## 5. Beiordnung nach § 11a ArbGG

Für eine Beiordnung nach § 11a ArbGG ist es – neben den Voraussetzungen der §§ 114 ff. ZPO – erforderlich, dass die Gegenseite durch einen Rechtsanwalt vertreten und die Rechtsverfolgung **nicht offensichtlich mutwillig** ist. Letzteres wird wohl nur bei auf den ersten Blick erfolglosem oder rein querulatorischem Begehren des Klägers vorliegen (vgl. LAG Düsseldorf LAGE Nr. 4 zu § 11a ArbGG und Lepke DB 1981, 1927). Aufgrund dieser Sonderregelung in § 11a Abs. 2 ArbGG steht fest, dass die hinreichende Erfolgsaussicht

– wie bei der Prozesskostenhilfe – bei der Beiordnung nicht vorliegen muss (vgl. Dänzer/Vanotti NZA 1985, 619; Grunsky ArbGG § 11a Bem. 8). Die Erstattung der Rechtsanwaltsgebühren erfolgt aus der Staatskasse; eine Befreiung von anfallenden Gerichtskosten wird durch die Beiordnung – im Gegensatz zur Prozesskostenhilfe – jedoch nicht bewirkt (vgl. LAG Hamm DB 1981, 1576). Im Falle der Beiordnung eines Rechtsanwalts für den Arbeitnehmer reicht es aber nicht aus, wenn die Gegenseite durch einen Verbandsvertreter, d. h. beispielsweise durch den Justitiar eines Arbeitgeberverbandes vertreten wird (vgl. LAG Düsseldorf LAGE Nr. 5 zu § 11a ArbGG). In der Berufungs- und Revisionsinstanz kann die Beiordnung eines Rechtsanwalts nur über die Gewährung von Prozesskostenhilfe erfolgen. In dem erstinstanzlich gestellten Prozesskostenhilfe-Antrag ist bei anwaltlicher Vertretung des Prozessgegners als „Minus" auch der Antrag auf Beiordnung enthalten (vgl. LAG Bremen LAGE Nr. 3 zu § 11a ArbGG und LAG Düsseldorf LAGE Nr. 4 zu § 11a ArbGG).

## 6. Verhältnis von Prozesskostenhilfe zu gewerkschaftlichem Rechtsschutz

Abschließend ist in diesem Zusammenhang auf die Rechtsprechung der Instanzgerichte zum Verhältnis von Prozesskostenhilfe und Beiordnung einerseits, zu gewerkschaftlicher Prozess-Vertretung andererseits hinzuweisen. Vereinzelt wird vertreten, dass die Bewilligung von Prozesskostenhilfe bei der Möglichkeit gewerkschaftlichen Rechtsschutzes generell ausscheide (LAG Kiel NJW 1984, 830 mit differenzierender Anmerkung von Grunsky). Nach Ansicht des LAG Frankfurt (NZA 1984, 236) soll Prozesskostenhilfe und Beiordnung ausscheiden, wenn die Gewerkschaft die Rechtsschutzgewährung ablehnt und dies „ohne hinreichenden Anlass vom prozessführenden Gewerkschaftsmitglied zu verantworten sei"; insgesamt komme es aber letztlich auch darauf an, „ob die Inanspruchnahme gewerkschaftlichen Rechtsschutzes... dem prozessführenden Gewerkschaftsmitglied zumutbar ist" (LAG Frankfurt aaO.). Während nach Auffassung des LAG Hannover (AnwBl. 1984, 164) Gewerkschaftsmitglieder nur bei unmissverständlicher Verweigerung sachgerechten Rechtsschutzes durch die Gewerkschaft Prozesskostenhilfe erhalten sollen, nimmt das LAG Bremen (NJW 1985, 223) an, dass bei gestörtem Vertrauensverhältnis zwischen dem Arbeitnehmer und seiner Gewerkschaft eine Vertretung durch diese nicht zumutbar und daher Prozesskostenhilfe zu bewilligen ist. Auch nach einem weiteren Beschluss des LAG München (AnwBl. 1987, 499) ist die Verweisung auf gewerkschaftlichen Rechtsschutz unzumutbar, wenn der Arbeitnehmer hierzu nicht das nötige Vertrauen haben kann mit der Folge, dass eine Beiordnung zu erfolgen hat bzw. Prozesskostenhilfe zu bewilligen ist (ähnlich: LAG Berlin DB 1989, 1428).

Einzelfragen wie z. B. die Berechnung des maßgeblichen Einkommens im Sinne der §§ 114 ff. ZPO u. ä. sind im konkreten Beratungsgespräch mit dem Rechtsanwalt zu klären.

Zuletzt ist noch festzuhalten, dass in arbeitsrechtlichen Streitigkeiten das **Beratungshilfegesetz vom 18.6.1980** (BerHG) gemäß dessen § 2 Abs. 2 Ziff. 1 lange Zeit keine Anwendung fand. Das BVerfG stellte jedoch durch Beschluss vom 2.12.1992 (NZA 1993, 427 = DB 1993, 284) fest, dass der Ausschluss der Beratungshilfe in arbeitsrechtlichen Angelegenheiten gegen den Gleichheitssatz des Art. 3 I GG verstieß. Durch Gesetz vom 14.9.1994 sind nunmehr auch arbeitsrechtliche Streitigkeiten in § 2 Abs. 2 Ziff. 1 BerHG ausdrücklich einbezogen. Dies gilt sowohl für Urteils- wie auch Beschlussverfahren. Für die Entscheidung über den Antrag auf Beratungshilfe ist jedoch auch hier das Amtsgericht nach § 4 Abs. 1 BerHG zuständig.

# 4. Kapitel

# Schadenshaftung des Arbeitgebers

## I. Haftung gegenüber dem Arbeitnehmer

Der Arbeitnehmer hat gegenüber dem Arbeitgeber Anspruch auf Ersatz des Schadens, der ihm dadurch entsteht, dass dieser das Arbeitszeugnis nicht oder verspätet erteilt, §§ 286 Abs. 1, 280 Abs. 2 BGB. Voraussetzung hierfür ist, dass der Arbeitgeber seine Zeugnispflicht schuldhaft im Sinne des § 276 BGB verletzt; er haftet gemäß § 278 BGB ebenso für Verschulden seiner Angestellten. Dies gilt sowohl für den Fall der verspäteten Zeugniserteilung als auch bei sog. positiver Vertragsverletzung durch Nicht- bzw. Schlechterfüllung der Zeugnispflicht. In die letztgenannte Fallgruppe gehört z. B. auch die unzulässige Erwähnung bzw. Andeutung einer Betriebsratstätigkeit (vgl. Brill BB 1981, 616).

## II. Schadensersatz bei Bewerbungsmisserfolgen

Als Schaden des Arbeitnehmers kommt der Betrag in Betracht, der ihm infolge Nichteinstellung oder verspäteter Einstellung an einem neuen Arbeitsplatz entgeht oder den er dadurch verliert, dass er nur zu einem geringeren Verdienst angestellt wird (vgl. umfassend hierzu: v. Hoyningen-Huene/Boemke NJW 1994, 1757; Kölsch NZA 1985, 382).

## III. Beweislast

Der Arbeitnehmer hat allerdings die Darlegungs- und Beweislast für sämtliche Voraussetzungen des Schadensersatzanspruchs, mithin für das schuldhafte Verhalten des Arbeitgebers, für den ihm entstandenen Schaden und für den ursächlichen Zusammenhang (BAG AP Nr. 6 zu § 73 HGB). Hierbei, d. h. für den Nachweis des Minderverdienstes infolge der Zeugnispflichtverletzung, kommen ihm jedoch die **Beweiserleichterungen** gemäß § 252 S. 2 BGB iVm. § 287 Abs. 1 ZPO zugute (vgl. BAG AP Nr. 3 zu § 252 BGB = NJW 1976, 1470). Das bedeutet, dass der geschädigte Arbeitnehmer – anstelle eines positiven Nachweises des Mindestverdienstes sowie des Kausalzusammenhangs – solche Tatsachen vortragen und beweisen muss, die den Schadenseintritt nach dem gewöhnlichen Verlauf der Dinge wahrscheinlich erscheinen lassen (BAG AP Nr. 3 zu § 252 BGB und AP Nr. 12 zu § 630 BGB; ebenso LAG Frankfurt Urteil vom 17.12.1980 – 10 Sa 501/80; Löw NJW 2005, 3605). An der grundsätzlichen Schwierigkeit eines solchen Schadensnachweises ändert sich durch diese Rechtsprechung allerdings nicht viel; dies gilt umso mehr, als nach Ansicht des Bundesarbeitsgerichts **kein Erfahrungssatz** existiert, wonach das Fehlen eines Arbeitszeugnisses oder dessen verspätete Erteilung Ursache für Bewerbungsmisserfolge ist (BAG AP Nr. 6 zu § 73 HGB; ähnlich: AP Nr. 12 zu § 630 BGB = DB 1977, 1369 = BB 1977, 997; ebenso: Becker-Schaffner BB 1989, 2105). Nach einem – allerdings über 25 Jahre alten – Urteil des LAG Düsseldorf sollte noch gelten,

> „… dass im Allgemeinen ein besonderer Nachweis, der Arbeitnehmer habe eine neue Anstellung infolge Fehlens des Zeugnisses nicht finden können, als geführt zu erachten ist, sofern der Arbeitnehmer den Nachweis führen kann, dass er sich fortgesetzt um die Erlangung von Arbeit bemüht habe" (LAG Düsseldorf DB 1952, 992).

Die diesem Urteil zeitlich nachfolgende Entscheidung des BAG in AP Nr. 6 zu § 73 HGB (siehe oben) lehnt den vom LAG Düsseldorf aufgestellten Erfahrungssatz ab und bringt zum Ausdruck, dass diese Ablehnung jedenfalls für den Bereich der leitenden Angestellten gelten soll (BAG aaO.). Der Vorteil der Existenz eines solchen Erfahrungssatzes wäre, dass der Arbeitnehmer mit entsprechendem Nachweis unermüdlicher, jedoch erfolgloser Bewerbungen zunächst seiner Beweislast genügen würde und der Arbeitgeber diesen Beweis des ersten Anscheins seinerseits erschüttern müsste (vgl. BAG AP Nr. 1 zu § 139 ZPO).

Man hat jedoch heutzutage insgesamt davon auszugehen, dass **Misserfolge bei Bewerbungen** auf Grund einer **Vielzahl von Ursachen und Umständen** auftreten können, so z. B. durch das Feh-len von Referenzen, Beziehungen etc. Der Arbeitnehmer wird deshalb regelmäßig darlegen müssen, dass der neue potentielle Arbeitgeber Interesse für seine Bewerbung hatte und, dass das fehlende, verspätete oder schlechte Arbeitszeugnis zur Sprache gebracht wurde (BAG AuR 1996, 195; AP Nr. 11 zu § 630 BGB = DB 1976, 2211 = BB 1976, 1516 nur Ls.; ebenso LAG Frankfurt Urteil vom 17.12.1980 – 10 Sa 501/80). Hierfür kommt z. B. in Betracht, dass sich der interessierte neue beim alten Arbeitgeber erkundigt hat, warum kein Zeugnis vorliegt, ob und wie der Arbeitnehmer überhaupt die gestellten Anforderungen des neuen Arbeitsplatzes erfüllen könnte etc. (umfassend hierzu: Kölsch NZA 1985, 382). Strengt der Arbeitnehmer einen solchen Schadensersatzanspruch gegen seinen alten Arbeitgeber an, wird er im Hinblick auf seine Darlegungs- und Beweislast oftmals nicht umhin kommen, den potentiellen Arbeitgeber bzw. dessen Mitarbeiter als Zeugen für die Ablehnung wegen des fehlenden/verspäteten/schlechten Arbeitszeugnisses zu benennen. Da der Arbeitnehmer regelmäßig aber seine Bewerbungsunterlagen mit dem Satz

> „Es tut uns leid, wir haben uns für einen anderen Bewerber entschieden:"

zurück erhält, kann er den Grund im Zeugnisbereich meist nur vermuten. Er begibt sich damit im Falle eines Prozesses in die Gefahr, dass sein Beweisangebot zu diesem Thema als unzulässiger sog. Ausforschungsbeweis mangels Tatsachenvortrags vom Gericht nicht beachtet wird.

Gelingt dem Arbeitnehmer allerdings der Nachweis des zeugnisbedingten Minderverdienstes, kann sich der Arbeitgeber nicht auf ein Mitverschulden des Arbeitnehmers mit der Begründung berufen, dieser hätte ihn auf möglichen Verdienstausfall hinweisen müssen; der Arbeitgeber hat mit solchen Schadensfolgen von sich aus zu rechnen (ArbG Hanau DB 1980, 887 = BB 1980, 727).

Ein **Schmerzensgeldanspruch** des Arbeitnehmers wegen unzutreffender Beurteilung im Arbeitszeugnis scheidet in der Regel aus. Die berufliche Ehre wird durch ein unrichtiges Zeugnis nicht berührt, sodass kein Anspruch wegen Verletzung des allgemeinen Persönlichkeitsrechts entsteht (vgl. BAG AP Nr. 11 zu § 630 BGB = DB 1976, 2211 = BB 1976, 1516 nur Ls.). Das BAG schließt im genannten Urteil einen Schmerzensgeldanspruch nach § 847 BGB nicht aus unter der Voraussetzung, dass dem Arbeitnehmer durch die auf Grund des Arbeitszeugnisses eingetretene Arbeitslosigkeit gesundheitlicher Schaden zugefügt worden sein sollte; zur Klärung dieser Punkte wurde aber der Rechtsstreit an das LAG zurückverwiesen. Ganz allgemein gesprochen dürfte es jedoch schwer sein, hier den entsprechenden Nachweis zu führen.

Hinsichtlich Verjährung, Verzicht, Verfall und Verwirkung eines Schadensersatzanspruchs des Arbeitnehmers gegenüber dem Arbeitgeber im Hinblick auf einen erlittenen Minderverdienst oder auch wegen Schmerzensgeldes gelten die zum Zeugnisanspruch selbst (oben S. 34 ff.) gemachten Ausführungen entsprechend.

## IV. Schadensersatzansprüche von Folgearbeitgebern

Hier kommt als möglicher Anspruchsteller/Geschädigter wohl nur der nachfolgende Arbeitgeber des durch das Arbeitszeugnis beurteilten Arbeitnehmers in Frage. Ein Schaden kann ihm dadurch entstehen, dass er den Arbeitnehmer auf Grund eines zu Unrecht positiven Zeugnisses einstellt und anschließend von diesem geschädigt wird. Da vertragliche Beziehungen zwischen neuem und altem Arbeitgeber nicht bestehen, kommt eine **Haftung** einzig und allein

**wegen sittenwidriger Schädigung gem. § 826 BGB** in Frage: Voraussetzung für einen Schadensersatzanspruch ist hier, dass der Arbeitgeber im Zeugnis wissentlich unwahre Angaben macht und das Bewusstsein möglicher Schadensfolgen hat, deren Eintritt er zumindest billigend in Kauf nimmt (ebenso: Löw aaO.). Da unzutreffende Arbeitszeugnisse zumeist allein im Interesse des Arbeitnehmers erstellt werden (vgl. BGH AP Nr. 10 zu § 826 BGB = DB 1964, 517), wird beim ausstellenden Arbeitgeber nahezu nie Schädigungsvorsatz gegenüber einem neuen Arbeitgeber vorliegen. Es ist hier jedoch zumindest bedingter Vorsatz erforderlich, aber auch ausreichend; Fahrlässigkeit reicht hingegen nicht (Schaub/*Linck* ArbR-Hdb § 147 Rn. 40). Außerdem wird und kann sich der erteilende Arbeitgeber regelmäßig – entlastend – darauf berufen, dass ein bestimmter negativer, im Zeugnis nicht erwähnter Vorfall einmalig gewesen sei und er nicht mit Wiederholung, sondern Rehabilitation des Arbeitnehmers gerechnet hat (vgl. MüKoBGB/*Henssler* § 630 Rn. 73 mwN.; insgesamt auch: Kölsch NZA 1985, 382 und Gleisberg DB 1979, 1227).

## V. Haftung gemäß § 826 BGB

Die Haftungsgrundlage des § 826 BGB als Anspruchsnorm im System der unerlaubten Handlungen (§§ 823 ff. BGB) hat für den das Zeugnis erteilenden Arbeitgeber den Vorteil und für den geschädigten Arbeitgeber den Nachteil, dass eine **Exkulpation nach § 831 BGB** erfolgen kann: Der alte Arbeitgeber kann sich unter Umständen von seiner Haftung nach § 826 BGB durch den Nachweis befreien, dass sein das Zeugnis ausstellender Mitarbeiter sorgfältig ausgewählt und überwacht wurde (ebenso: Löw aaO.); die Beweislast trifft im Regressfall grundsätzlich den alten Arbeitgeber.

Aus diesem Grunde und weil der das Arbeitszeugnis ausstellende Arbeitgeber eine Mindestgewähr für dessen Inhalt übernehmen soll, hat der **Bundesgerichtshof** erstmals in seinem Urteil vom 15.5.1979 – wenn auch in engen Grenzen – den Schadensersatzanspruch des Nachfolgearbeitgebers auf **vertragliche bzw. vertragsähnliche Haftungsgrundsätze** gestützt (BGH AP Nr. 13 zu § 630 BGB = DB 1979, 2378 = BB 1980, 779) und führt hierzu u. a. aus:

> „Kennzeichnend für das Dienstzeugnis ist sein vertrauenheischender Bescheinigungscharakter; dessen Anerkennung im Verkehr macht... erst den Wert des Zeugnisses für den ausscheidenden Dienstverpflichteten aus. Man wird diesem Wesen des Zeugnisses nur gerecht, wenn man ihm immerhin eine rechtsgeschäftliche Komponente zuerkennt..." (BGH aaO.).

Folge dieser Rechtsprechung ist auch und gerade die Haftung des Arbeitgebers gemäß § 278 BGB für das Verschulden von Mitarbeitern, die mit der Zeugniserteilung befasst sind. Als mögliche Haftungsfälle kommen in Betracht: die bewusst unrichtige Zeugniserteilung sowie der Fall, dass bei einem unbewusst falsch ausgestellten Zeugnis der Arbeitgeber später die Unrichtigkeit erkennt und dann vorsätzlich den neuen Arbeitgeber trotzdem nicht benachrichtigt (vgl. BGH aaO.; zustimmend: MüKoBGB/*Henssler* § 630 Rn. 74 und Kölsch NZA 1985, 382, jeweils mit beachtlichen Argumenten). Auf die – unrichtige – Auskunft eines Rechtsanwalts soll sich ein Kaufmann in diesem Fall nach Ansicht des BGH nicht verlassen können (BGH aaO.).

Werden dem Arbeitgeber also nachträglich Tatsachen bekannt, die das Arbeitszeugnis in wesentlichen Aussagen unwahr werden lassen (hierzu sollen auch Auslassungen zählen), soll folgendes gelten: Kennt er die Anschrift des beurteilten Arbeitnehmers oder kann er sie unschwer ermitteln, so soll er das Zeugnis widerrufen und neu erteilen und/oder den neuen Arbeitgeber – falls dieser bekannt ist – benachrichtigen müssen (ablehnend: ErfK/*Müller-Glöge* § 109 GewO Rn. 71 f.). Hieraus geht bereits hervor, dass die vom Bundesgerichtshof konstruierte vertragliche bzw. vertragsähnliche Haftung – abgesehen von den dogmatischen Bedenken, denen sie begegnet (insgesamt ablehnend: Schaub/*Linck* ArbR-Hdb § 147 Rn. 41). – den ein Arbeitszeugnis erteilenden Arbeitgeber oftmals vor schier unlösbare Probleme stellt bei dem Versuch, seine Haftung abzuwenden bzw. zu mindern; dies gilt vornehmlich für den Fall nachträglicher „besserer Erkenntnis" und zuvor unbewusst falscher Zeugniserteilung.

Nach zutreffender Ansicht von Loewenhein (JZ 1980, 469) handelt es sich hierbei „eben um die typische Situation eines nicht vertraglichen, sondern deliktischen Kontakts, der nicht durch die freie

Wahl des Vertragspartners, sondern durch die Zufälligkeit der Begegnung gekennzeichnet ist".

Es muss deshalb **allein** bei der Haftung gemäß *§ 826 BGB* bleiben, wenn auch ihre praktische Bedeutung gering ist. Eine Änderung kann und darf hier meines Erachtens nur der Gesetzgeber herbeiführen, was jedoch die Festlegung klarer Grundsätze für die Erteilung von Arbeitszeugnissen voraussetzen würde, womit unausweichlich eine Einengung bzw. Streichung des allgemein anerkannten Beurteilungs- bzw. Formulierungsspielraumes des Arbeitgebers verbunden wäre!

Ein **Schadensersatzanspruch** des Arbeitgebers gegen seinen ehemaligen Arbeitnehmer **wegen fehlerhafter Arbeitsleistung** kann durch die Erteilung eines positiven Arbeitszeugnisses ausgeschlossen sein (vgl. BAG AP Nr. 7 zu § 630 BGB = DB 1972, 931 = BB 1972, 618). Es handelt sich – ohne einen entsprechenden Vorbehalt des Arbeitgebers – um einen Fall des sog. venire contra factum proprium (= widersprüchliches Verhalten), da sich der Arbeitgeber an seinen eigenen Zeugnisformulierungen festhalten lassen muss. Insofern ist dieser Sachverhalt vergleichbar mit dem vom LAG Bremen (BB 1984, 473) entschiedenen Fall der Unwirksamkeit einer Kündigung wegen eines zuvor erteilten guten Zeugnisses (siehe oben S. 91).

# 5. Kapitel

# Auskunftserteilung

## I. Allgemeines

Parallel zur gesetzlichen Erteilung von Arbeitszeugnissen hat sich in der Praxis die Auskunftserteilung nach Beendigung des Arbeitsverhältnisses entwickelt: Der Arbeitgeber, der zur Einstellung eines Arbeitnehmers bereit ist, wird oftmals an Informationen über den Bewerber interessiert sein, die über den Inhalt des vorgelegten Zeugnisses hinausgehen. Je unpräziser und möglicherweise nichts sagender bzw. mehrdeutiger die Formulierungen im Zeugnis gehalten sind, desto eher wird um Auskunft nachgefragt. Sie wird in der Regel telefonisch erteilt und ist daher faktisch vom Arbeitnehmer nur schwer zu kontrollieren (siehe auch Nasemann in Süddeutsche Zeitung vom 16./17.2.1991).

Die Zulässigkeit solcher Auskünfte ist gesetzlich nirgends geregelt und daher umstritten. Sie ist **nach allgemeinen arbeitsrechtlichen Grundsätzen zu beurteilen:** Es kollidieren das Interesse des Arbeitnehmers am Schutz persönlicher Daten, gestützt auf das allgemeine Persönlichkeitsrecht iVm. dem Grundrecht auf informationelle Selbstbestimmung einerseits mit dem Informationsbedürfnis des einstellungsbereiten Arbeitgebers andererseits (vgl. umfassend: Schulz NZA 1990, 717).

## II. Rechtsprechung des Bundesarbeitsgerichts

Das BAG hat hierzu bereits in einem über 30 Jahre alten Urteil (vgl. AP Nr. 1 zu § 630 BGB = DB 1958, 659 = BB 1958, 593) wie folgt entschieden:

> „1. Der Arbeitgeber ist über die Pflicht zur Erteilung des Zeugnisses hinaus gehalten, im Interesse des ausgeschiedenen Arbeitnehmers Auskünfte über diesen an solche Personen zu erteilen, mit denen der Arbeitnehmer in Verhandlungen über den Abschluss des Arbeitsvertrages steht.
> 2. Der Arbeitgeber kann auch gegen den Willen des ausgeschiedenen Arbeitnehmers Auskünfte über diesen an solche Personen erteilen, die ein berechtigtes Interesse an der Erlangung einer solchen Auskunft haben.
> 3. Die Auskünfte des Arbeitgebers müssen richtig im Sinne einer wahrheitsgemäßen Zeugniserteilung sein."

Das BAG hat diese Ansicht zuletzt mit Urteil vom 18.12.1984 (vgl. AP Nr. 8 zu § 611 BGB – Persönlichkeitsrecht – = NZA 1985, 811 = DB 1985, 2307) grundsätzlich bestätigt; für den dort zu beurteilenden Fall entschied das BAG außerdem, dass der Arbeitgeber das allgemeine Persönlichkeitsrecht des Arbeitnehmers verletzt, wenn er ohne dessen Wissen seine Personalakte einem Dritten zugänglich macht. Die Auskünfte des Arbeitgebers dürfen sich nur auf Leistung und Verhalten des Arbeitnehmers, nicht auf andere Punkte beziehen (BAG aaO., unzutreffend insoweit: LAG Hamburg DB 1985, 284 = BB 1985, 804).

## III. Kritik der Literatur

Eine rechtliche Befugnis des Arbeitgebers zur Auskunftserteilung gegenüber Dritten wird aber von gewichtigen Stimmen **in der Literatur abgelehnt** (vgl. Schaub/*Linck* ArbR-Hdb § 147 Rn. 45; MüKoBGB/*Henssler* § 630 Rn. 80; vgl. zum Ganzen auch Schmid DB 1983, 769 mwN.). Dieser Ansicht ist zu folgen: Insoweit das BAG das Recht zur Auskunftserteilung aus der Gruppenstellung der

Arbeitgeber und Arbeitnehmer bzw. „aus den Grundsätzen der Sozialpartnerschaft“ (BAG AP Nr. 1 zu § 630 BGB = DB 1958, 659 = BB 1958, 593) herleitet, wird meines Erachtens verkannt, dass aus dieser Gruppen- oder „Klassen“-zugehörigkeit keinerlei Rechte und Pflichten hergeleitet werden können, die die nachvertraglichen Beziehungen zwischen Arbeitnehmer und Arbeitgeber beeinflussen könnten. Im Gegenteil: Der Arbeitnehmer ist auf Grund seiner Treuepflicht gegenüber dem Arbeitgeber z. B. verpflichtet, auch nach Beendigung des Arbeitsverhältnisses über Betriebs- und Geschäftsgeheimnisse zu schweigen (vgl. BAG NZA 1988, 502); also muss auch der Arbeitgeber auf Grund seiner nachvertraglichen Fürsorgepflicht persönliche Daten des Arbeitnehmers weitestgehend schützen bzw. geheim halten (i. Erg. ebenso: ErfK/*Müller-Glöge* § 109 GewO Rn. 61).

Nach der oben zitierten Rechtsprechung des BAG soll der Arbeitgeber zur Auskunftserteilung auch ohne und sogar gegen den Willen des Arbeitnehmers berechtigt sein; er soll aber verpflichtet sein, die dem Dritten erteilten Informationen dem Arbeitnehmer bekannt zu geben (vgl. BGH AP Nr. 2 zu § 630 BGB = BB 1959, 979 = BB 1959, 919; ArbG Stuttgart NZA-RR 2002, 153). Der Arbeitnehmer erhält so zwar in der Regel Einsicht in die erteilte Auskunft, wird aber faktisch kaum in der Lage sein – sollte sie unzutreffend sein – diese zu korrigieren. Auch wird er auf Grund allgemein gehaltener Absageformulierungen selten sicher erfahren, dass die Auskunft Anlass für die Ablehnung seiner Bewerbung war!

Hat der Arbeitgeber sich in einem **gerichtlichen Vergleich oder** einer anderen **Vereinbarung** gegenüber dem Arbeitnehmer verpflichtet, keine oder keine vom Arbeitszeugnis abweichenden oder darüber hinausgehenden Auskünfte zu erteilen, ist er hieran gebunden. Verstößt er gegen diese Abmachung oder gegen die Abrede, nur ganz bestimmte Auskünfte zu geben, ist der Arbeitgeber dem Arbeitnehmer unter denselben Voraussetzungen schadensersatzpflichtig wie bei der pflichtwidrigen Zeugniserteilung (vgl. auch LAG Hamburg DB 1985, 284 = BB 1985, 804). Der Arbeitnehmer trägt auch hier dieselbe **Darlegungs- und Beweislast** wie bei der Geltendmachung von Schadensersatzansprüchen wegen Verletzung der

Zeugnispflicht (vgl. LAG Berlin NZA 1989, 965 = BB 1989, 1825). Es existiert aber ebenfalls nach der herrschenden Meinung kein Erfahrungssatz, dass eine erfolglose Bewerbung durch eine falsche Auskunft des alten Arbeitgebers verursacht wurde (LAG Frankfurt DB 1980, 1224 = BB 1980, 1160).

Liegt zwischen dem Ende des Arbeitsverhältnisses und einem Auskunftsersuchen ein **längerer Zeitraum,** darf überhaupt nur auf das Arbeitszeugnis verwiesen werden. Allerdings muss bei Verweigerung der Auskunft dem Anfragenden der Grund hierfür (z. B. lange Zeit zuvor erteiltes Arbeitszeugnis) mitgeteilt werden, damit aus der Ablehnung keine falschen Schlüsse gezogen werden.

## IV. Öffentlicher Dienst

Im öffentlichen Dienst bestand früher gemäß **Art. 35 GG** für alle Behörden die Pflicht, sich untereinander Rechts- und Amtshilfe zu leisten, mithin die Aufgabe zur gegenseitigen Unterstützung bei der Bearbeitung von Personalangelegenheiten. Die um Vorlage von Personalakten ersuchte Behörde hatte aber pflichtgemäß abzuwägen, ob die ganze Akte oder nur Teile hieraus vorzulegen sind (Trinkhaus RdA 1961, 221). Eine hiervon abweichende Vereinbarung war nach Auffassung des BAG unwirksam (AP Nr. 1 zu Art. 35 GG = DB 1960, 878 = BB 1960, 983). Diese Rechtsprechung ist angesichts des § 56 d BRRG, demzufolge Auskünfte nur mit Einwilligung des Betroffenen erteilt werden dürfen, jedoch inzwischen überholt.

## V. Sperrvermerk

Verlangt der Arbeitnehmer, der sich bei einem neuen Arbeitgeber bewirbt, dass dieser keine Auskünfte beim alten Arbeitgeber einholt – sog. Sperrvermerk z. B. im Bewerbungsschreiben – ist dem zu entsprechen (Schulz aaO.). Hieraus ist nicht ohne weiteres zu schließen, dass der Bewerber negative Auskünfte zu befürchten hätte; er kann ja gerade nur „seinen Marktwert testen“ wollen. Bewirbt er sich aus ungekündigter Stellung und möchte er demzufolge nicht, dass seine Bewerbung im Betrieb bekannt wird, hält sich der potentielle neue Arbeitgeber jedoch nicht an den Sperrvermerk, so haftet er dem Arbeitnehmer für hieraus gegebenenfalls entstehenden Schaden; die zur zeugnis- oder auskunftsbedingt erfolglosen Bewerbung gemachten Ausführungen über die Darlegungs- und Beweislast des Arbeitnehmers gelten hier entsprechend.

# Anhang:

## Zeugnismuster

Da nach herrschender und auch zutreffender Ansicht die **Formulierung des Arbeitszeugnisses Sache des Arbeitgebers** ist (vgl. BAG AP Nr. 6 zu § 630 BGB; LAG Frankfurt DB 1976, 2310), kann der Arbeitnehmer zwar Vorschläge beisteuern; der Arbeitgeber ist hieran jedoch nicht gebunden.

Aus diesem Grunde soll im Folgenden nur eine kleine Auswahl von Zeugnismustern vorgestellt werden, deren Sinn darin liegt, den immer wiederkehrenden **Aufbau** von Arbeitszeugnissen und dessen Grundelemente (vgl. LAG Hamm LAGE Nr. 28 zu § 630 BGB) zu veranschaulichen. Die Muster dienen als Gerüst zum Entwerfen eigener Vorschläge und als Orientierung bei Erhalt eines Zeugnisses. Die regelmäßig gebotene rechtliche Überprüfung soll und kann hierdurch nicht ersetzt werden; der Gang zu einem im Zeugnisrecht erfahrenen Rechtsanwalt wird deshalb in vielen Fällen unvermeidlich sein!

| Übersicht |
| --- |
| 1. Einfaches Zeugnis (Glasreiniger) |
| 2. Qualifiziertes Zeugnis (Verkäuferin) |
| 3. Qualifiziertes Zeugnis (Kfz-Mechaniker) |
| 4. Qualifiziertes Zeugnis (Pharmareferentin) |
| 5. Ausbildungszeugnis gemäß § 16 BBiG (Restaurantfachmann) |
| 6. Qualifiziertes Zwischenzeugnis (kaufmännische Angestellte) |

# 1. Einfaches Zeugnis (Glasreiniger)

**Zeugnis**

Herr Christof Bender, geboren am 4. Oktober 1986, war vom 15.1.2014 bis 31.3.2014 als Glasreiniger für unser Unternehmen tätig.
Herr Bender arbeitete in einem ihm fest zugewiesenen Bezirk, in welchem er öffentliche und private Kunden betreute. Hierbei führte er sämtliche Außenreinigungsarbeiten durch. Das Arbeitsverhältnis endet auf Wunsch von Herrn Bender am heutigen Tage.

München, den 31.3.2014

Firma

Unterschrift

# 2. Qualifiziertes Zeugnis (Verkäuferin)

**Zeugnis**

Frau Elke Paschinger, geboren am 19.10.1990, war in der Zeit vom 1.4.2009 bis 31. August 2014 in unserem Hause beschäftigt. Sie war zunächst als Verkäuferin eingesetzt; seit dem 1. Oktober 2012 bekleidete sie die Position der stellvertretenden Geschäftsführerin in unserem Münchener Einrichtungsstudio.
Ihr Aufgabengebiet umfasste die fachliche Kundenberatung sowie die Erstellung von Einrichtungsvorschlägen. Frau Paschinger war verantwortlich für die Auswahl unserer Kollektionen und die Gestaltung der Verkaufsräume. Sie besuchte sämtliche einschlägigen Fachmessen. Zu ihrer Tätigkeit gehörten außerdem die selbstständige Auftragsabwicklung sowie die verantwortliche Durchführung der Werbung in der Regionalpresse. Frau Paschinger führte ihre sämtlichen Aufgaben stets zu unserer vollen Zufriedenheit aus. Hervorzuheben ist ihre außerordentliche Belastbarkeit und stete Einsatzfreude.
Ihr Verhalten gegenüber der Geschäftsleitung war immer korrekt. Von ihren Mitarbeitern wurde sie wegen ihres freundlichen und kollegialen Wesens sehr ge-

schätzt. Bei unseren Kunden genoss sie als kompetente Gesprächspartnerin großes Vertrauen und Anerkennung.
Frau Paschinger verlässt unser Haus auf eigenen Wunsch, um sich einer größeren Aufgabe in einem anderen Unternehmen zuzuwenden. Wir bedauern diese Entscheidung, danken ihr für die geleistete Arbeit und wünschen ihr für die Zukunft alles Gute und viel Erfolg.

München, 31.8.2014

Firma

Unterschrift

## 3. Qualifiziertes Zeugnis (Kfz-Mechaniker)

### Zeugnis

Herr Stefan Schwarz, geb. am 23.10.1972, war vom 1.7.2008 bis 30.6.2012 in unserem Betrieb als Kfz-Mechaniker tätig. Er hatte in unserer Reparaturwerkstatt für Nutzfahrzeuge alle vorkommenden Reparatur- und Wartungsarbeiten an Lastwagen verschiedener Typen durchzuführen.
Herr Schwarz verfügt über eine große Berufserfahrung und handwerkliches Geschick. Er hat die ihm übertragenen Arbeiten zügig und zu unserer vollen Zufriedenheit erledigt. Sein Verhalten gegenüber Vorgesetzten und Mitarbeitern war stets einwandfrei.
Das Arbeitsverhältnis von Herrn Schwarz endet im gegenseitigen Einvernehmen mit dem heutigen Tage. Wir wünschen ihm für seinen weiteren Berufsweg alles Gute.

München, 30.6.2012

Firma

Unterschrift

# 4. Qualifiziertes Zeugnis (Pharmareferentin)

## Zeugnis

Frau Doreen Meister, geb. am 3. März 1984, trat am 1.10.2008 als Mitarbeiterin unseres wissenschaftlichen Außendienstes in unsere Firmengruppe ein. Sie nahm zu Beginn ihrer Tätigkeit an einem sechsmonatigen Ausbildungslehrgang zur staatlich geprüften Pharmareferentin mit Abschlussprüfung vor der IHK für München und Oberbayern teil. Sie bearbeitete den Stadt- und Landkreis München.
Zum Aufgabenbereich von Frau Meister gehörte der regelmäßige Besuch der in ihrem Gebiet niedergelassenen praktizierenden und klinisch tätigen Ärzte mit dem Ziel, diese über unsere Präparate zu informieren und ihre Verordnung zu erreichen. Frau Meister betreute die Ärzte selbstständig und eigenverantwortlich und organisierte Fachveranstaltungen und Fortbildungskurse, auf denen sie auch Eigenreferate hielt. Sie hatte eigene Budgetverantwortung mit dazugehöriger Abrechnungsbefugnis.
Frau Meister führte alle ihr übertragenen Aufgaben stets zu unserer vollen Zufriedenheit aus. Sie hat in ihrem Aufgabengebiet sehr gute Kontakte herstellen können und überdurchschnittliche Verkaufserfolge erzielt. Ihr Verhalten gegenüber Vorgesetzten und Kollegen war immer korrekt.
Frau Meister verlässt uns zum 30.9.2014 auf eigenen Wunsch, um sich beruflich weiter zu entwickeln. Wir bedauern diesen Entschluss, danken ihr für die in unserem Unternehmen geleistete Arbeit und wünschen ihr für ihre weitere berufliche Zukunft alles Gute und viel Erfolg.

München, 30.9.2014

Firma

Unterschrift

# 5. Zeugnis gemäß § 16 BBiG (Restaurantfachmann)

**Ausbildungszeugnis**

Herr Jochen Maier, geb. am 27.10.1992, war in unserem Hause in der Zeit vom 1.4.2010 bis zum 31.8.2013 als Auszubildender Restaurantfachmann beschäftigt. Am 31.8.2013 legte er vor der Industrie- und Handelskammer für München und Oberbayern die Zwischenprüfung mit der Note „sehr gut" ab.
Die betriebliche Ausbildung erfolgte gemäß dem Berufsbild des Restaurantfachmanns und umfasste folgende Bereiche:

- Arbeiten am Büffet
- Vor- und Zubereiten von Speisen und Getränken
- Ausführen sämtlicher Servierarbeiten
- Planung und Durchführung von Sonderveranstaltungen
- Führung eines eigenen Reviers.

Herr Maier hat mit Zielstrebigkeit und Eifer von den betrieblichen Fortbildungsmaßnahmen Gebrauch gemacht und auch an einem Englischkurs teilgenommen. Er konnte sich dank seiner raschen Auffassungsgabe gute berufliche Kenntnisse und Fertigkeiten aneignen. Das Berichtsheft hat er sorgfältig geführt und am Berufsschulunterricht regelmäßig und aufmerksam teilgenommen.
Das Verhalten von Herrn Maier gegenüber Vorgesetzten und Kollegen war jederzeit korrekt. Sein Auftreten gegenüber den Gästen unseres Hauses war stets einwandfrei. Wir übernehmen Herrn Maier ab dem 1.9.2013 in ein Angestelltenverhältnis und freuen uns auf die weitere Zusammenarbeit.

München, 31.8.2013

Firma

Unterschrift

# 6. Qualifiziertes Zwischenzeugnis (kaufmännische Angestellte)

**Zwischenzeugnis**

Frau Stefanie Schön, geb. am 8.2.1985, ist seit dem 1.1.2009 in unserer Firma als kaufmännische Angestellte beschäftigt.

Zu ihren Aufgaben gehören die Lohn- und Gehaltsabrechnung, allgemeiner Schriftverkehr sowie das Erstellen von Rechnungen für unsere Zwischenhändler im europäischen Ausland. Frau Schön ist außerdem verantwortlich für die Führung der Personalakten sämtlicher Mitarbeiter unserer Münchener Niederlassung.

Sie erledigt die ihr übertragenen Arbeiten zu unserer vollen Zufriedenheit.

Das Verhalten von Frau Schön gegenüber ihren Vorgesetzten ist korrekt; von ihren Kolleginnen und Kollegen wird sie wegen ihrer hilfsbereiten Art sehr geschätzt.

Dieses Zwischenzeugnis wird auf Wunsch von Frau Schön wegen des Wechsels ihres Vorgesetzten ausgestellt.

München, 25.9.2014

Firma

Unterschrift

# Sachverzeichnis

## D



## E

## K



## L



## M



## N



## O



## P

## U



## V



## W

## Z